BREVÍSIMA RELACIÓN DE LA DESTRUCCIÓN DE LAS INDIAS

© del texto: Ediciones Inconexas
© de esta edición: Ediciones Inconexas

Primera edición: Setiembre de 2024

ISBN: 978-84-128966-2-6
Depósito legal: B 13823-2024

Autor del texto: Bartolomé de las Casas
Diseño de cubierta: Ediciones Inconexas
Maquetación: Àngel Daniel
Impresión y encuadernación: Printai

Ediciones Inconexas
Calle Marina 128, 1r 2ª, Barcelona 08013

Fray Bartolomé de Las Casas

BREVÍSIMA RELACIÓN DE LA DESTRUCCIÓN DE LAS INDIAS

EDICIONES
INCONEXAS

SUMARIO

INTRODUCCIÓN   9

Brevísima relación de la destrucción de las Indias
En castellano moderno   15

    De la isla Española   24

    Los reinos que había en la isla Española   26

    De las dos islas de San Juan y Jamaica   29

    De la isla de Cuba   30

    De la tierra firme   33

    De la provincia de Nicaragua   35

    De la Nueva España   37

    De la provincia y reino de Guatemala   46

    De la Nueva España, Pánuco y Jalisco   51

    Del reino de Yucatán   54

    De la provincia de Santa Marta   59

    De la provincia de Cartagena   62

    De la costa de las Perlas, Paria y la isla de Trinidad 62

    Del río Yuyapari   70

    Del reino de Venezuela   71

    De las provincias de la tierra firme por la parte
    que se llama la Florida   76

    Del Río de la Plata   79

    De los grandes reinos y grandes provincias del Perú   81

    Del nuevo reino de Granada   87

Brevissima relacion de la destruycion de las Indias
Texto original

Texto original 101

De la isla Española 111
Los reinos que había en la isla Española 113
De las dos islas de San Juan y Jamaica 119
De la isla de Cuba 119
De la tierra firme 122
De la provincia de Nicaragua 126
De la Nueva España 129
De la provincia y reino de Guatimala 139
De la Nueva España y Pánuco y Jalisco 143
Del reino de Yucatán 147
De la provincia de Santa Marta 153
De la provincia de Cartagena 156
De la costa de las Perlas y de Paria
y de la isla de la Trinidad 157
Del río Yuyapari 164
Del reino de Venezuela 164
De las provincias de la tierra firme por la parte
que se llama la Florida 169
Del Río de la Plata 172
De los grandes reinos y grandes provincias del Perú 173
Del nuevo reino de Granada 179

INTRODUCCIÓN

La *Brevísima relación de la destrucción de las Indias* es un documento de gran importancia histórica por varias razones fundamentales, que abarcan tanto la comprensión del periodo colonial en América como la influencia en el pensamiento y la política de la época y posterior.

El escrito de Bartolomé de las Casas proporciona un testimonio detallado y vívido de las atrocidades cometidas por los colonizadores españoles contra los pueblos indígenas de América. A través de su narrativa, el fraile documenta las masacres, torturas, esclavización y otras formas de brutalidad que los conquistadores infligieron a las poblaciones nativas. Este relato no solo sirve como una denuncia de las injusticias y crueldades del sistema colonial, sino que también ofrece una visión interna y crítica de las prácticas y políticas imperiales de España en el Nuevo Mundo.

Bartolomé de las Casas o Casaus (Sevilla 1484-Madrid, 18 de julio de 1566) llegó a La Española como laico, participando en la colonización de la isla, para luego convertirse en fraile y sacerdote dominico, alcanzando el cargo de primer obispo residente de Chiapas, en la Nueva España. Posteriormente fue nombrado oficialmente primer «protector de los indios», oficina administrativa de la Monarquía Hispánica, que sería responsable de atender el bienestar de las poblaciones nativas.

Es a partir de 1515 cuando el dominico renuncia a su encomienda y empieza a abogar por los derechos de los indígenas ante Fernando el Católico, que culminó en una importante victoria con la promulgación de las "Leyes Nuevas", en 1542, ya bajo el reinado del emperador Carlos, después de largas jornadas de debate en la ciudad de Valladolid.

En dichos debates las tesis de las Casas fueron defendidas con éxito y brillantez por el también dominico Francisco de Vitoria, cuyas ideas sobre las causas justas e injustas de guerra con los indios quedaron plasmadas en sus famosas *Relectio de Indiis* (lecciones sobre las Indias), impartidas en la Universidad de Salamanca. Hoy, Francisco de Vitoria es considerado el padre del derecho internacional.

La *Brevísima relación* es uno de los primeros documentos en la historia que aboga por los derechos humanos y la dignidad de las poblaciones sometidas. Al presentar estas denuncias ante la Corona española, Las Casas intentaba influir en la legislación y las políticas coloniales, promoviendo la idea de que los indígenas debían ser tratados como seres humanos con derechos inherentes.

La publicación de este texto también tuvo un impacto notable en Europa, alimentando el debate sobre la legitimidad moral de la colonización y las prácticas esclavistas. Su obra contribuyó a lo que se conoce como la "Leyenda Negra", una narrativa que critica duramente al imperio español por sus abusos y crueldades. Aunque esta leyenda a veces exageraba las realidades, la *Brevísima relación* proporcionó un fundamento factual a estas críticas y estimuló una discusión ética sobre el colonialismo que resuena hasta hoy.

Históricamente, la obra de las Casas es una fuente invaluable para los historiadores y académicos que estudian el periodo colonial. Proporciona una perspectiva única y crítica que contrasta con las narrativas oficiales y triunfalistas de la colonización. A través de su relato, podemos entender mejor las dinámicas de poder, la resistencia indígena y las consecuencias devastadoras de la conquista española en América.

¿POR QUÉ LEERLA EN CASTELLANO MODERNO?

Leer la *Brevísima relación de la destrucción de las Indias* en castellano actual ofrece múltiples ventajas para un lector contemporáneo. En primer lugar, la comprensión y accesibilidad del texto se ven significativamente mejoradas. El castellano del siglo XVI, utilizado por Bartolomé de las Casas, presenta diferencias sustanciales en vocabulario, gramática y ortografía en comparación con el castellano actual. Estas diferencias pueden dificultar la comprensión del texto original, haciendo que la lectura sea menos fluida y más desafiante para el lector moderno. Una versión actualizada facilita el acceso al contenido y permite una lectura más fluida y directa al público no avezado en el castellano del siglo XV.

La traducción al castellano contemporáneo permite que el lector actual se conecte de manera más efectiva con las ideas y eventos descritos en la obra. El uso de un lenguaje familiar y actualizado hace que las denuncias y descripciones de las atrocidades cometidas durante la colonización de América resulten más impactantes y relevantes. Esto ayuda a transmitir la gravedad y el horror de los acontecimientos de una manera que interpela más profundamente al público moderno.

La precisión en la interpretación del texto es otro beneficio importante de leer una versión en castellano actual. Las traducciones y adaptaciones modernas pueden incluir notas y explicaciones que aclaren contextos históricos, culturales y terminológicos que el lector actual podría no conocer. Estas adiciones permiten una interpretación más precisa y rica del texto, evitando malentendidos o interpretaciones erróneas que podrían surgir al leer el original sin el contexto adecuado.

En un entorno educativo, un texto en castellano actual es más adecuado para introducir a estudiantes y lectores novatos a la historia y a las problemáticas descritas por de las Casas. Facilita la discusión y el análisis crítico del texto sin las barreras lingüísticas que podrían desincentivar la lectura del original. Esto es particularmente importante para asegurar que las generaciones más jóvenes puedan acceder y aprender de esta obra fundamental sin obstáculos innecesarios.

Y recordemos que actualizar el lenguaje no significa en absoluto alterar el mensaje de Las Casas. Al contrario, consigue el propósito de su autor, que no fue otro que transmitir de la manera más clara y directa posible las atrocidades que se cometían en las Indias. Nuestra adaptación al castellano moderno busca preservar la esencia y las denuncias del autor, presentándolas de una manera que sea comprensible y significativa para el lector contemporáneo. De esta manera, se garantiza que las ideas y las críticas de de Las Casas sigan siendo pertinentes y poderosas hoy en día, permitiendo que su voz continúe siendo una herramienta crucial para la reflexión y la educación sobre los horrores de la colonización.

En definitiva, leer la *Brevisima relación de la destrucción de las Indias* en castellano actual ofrece una mayor comprensión, accesibilidad y relevancia del texto, facilitando una conexión más directa y significativa con el lector moderno.

PARA SABER MÁS

La *Brevísima relación de la destrucción de las Indias* ha sido objeto de estudio de numerosos historiadores a lo largo del tiempo, y sus análisis y aportaciones han enriquecido nuestra comprensión del texto y del contexto histórico en el que fue escrito. A continuación se mencionan algunos historiadores destacados y sus contribuciones:

Lewis Hanke: Hanke es uno de los principales estudiosos de Bartolomé de las Casas. Su obra *Bartolomé de las Casas: An Interpretation of His Life and Writings* es fundamental para entender la vida y el pensamiento de Las Casas. Hanke analiza cómo Las Casas pasó de ser un colonizador a convertirse en un ferviente defensor de los derechos de los indígenas. Su trabajo destaca la importancia de Las Casas en el desarrollo de una conciencia ética y jurídica sobre los derechos humanos en el contexto colonial.

Anthony Pagden: Pagden ha realizado importantes contribuciones al estudio de Las Casas y la *Brevísima relación*. En su libro *The Fall of Natural Man: The American Indian and the Origins of Comparative Ethnology*, Pagden examina cómo los escritos de Las Casas influyeron en la percepción europea de los indígenas americanos y en el desarrollo de la etnología comparativa. También analiza la crítica de Las Casas a la explotación colonial y su defensa de la humanidad de los pueblos indígenas.

David Brading: En su obra *The First America: The Spanish Monarchy, Creole Patriots, and the Liberal State 1492-1867*, Brading analiza el impacto de las obras de Las Casas en la formación de identidades nacionales en América Latina. Brading argumenta que las denuncias de Las Casas sobre las atrocidades coloniales contribuyeron a la crítica del imperialismo español y a la eventual lucha por la independencia en las colonias americanas.

Helen Rand Parish: Parish es otra destacada historiadora que ha profundizado en la vida y obra de Las Casas. En su libro *Las Casas en México: Historia y obra desconocida,* Parish explora la influencia de Las Casas en México y su papel en la defensa de los derechos indígenas en este país. Su investigación destaca la persistencia y el impacto de las ideas de Las Casas más allá de su tiempo y su región de origen.

Guillermo Serés: En su estudio *La invención del Barroco: Las Casas y la conquista de América,* Serés analiza la retórica y la estrategia discursiva de Las Casas en la *Brevísima relación.* Serés destaca cómo Las Casas utilizó un lenguaje impactante y emocional para movilizar la opinión pública y presionar a la Corona española para que reformara sus políticas coloniales.

Estos historiadores, entre otros, han aportado una comprensión más profunda y matizada de la *Brevísima relación de la destrucción de las Indias* y de Bartolomé de las Casas. Sus estudios han iluminado tanto el contexto histórico de la colonización española como el legado duradero de Las Casas en la defensa de los derechos humanos y la crítica del imperialismo.

· BREVÍSIMA RELACIÓN DE LA DESTRUCCIÓN DE LAS INDIAS

EN CASTELLANO MODERNO

ARGUMENTO DEL PRESENTE COMPENDIO

Todas las cosas que han sucedido en las Indias, desde su maravilloso descubrimiento y desde el momento en que los españoles llegaron a ellas hasta ahora, han sido tan asombrosas y difíciles de creer para aquellos que no las han presenciado, que parecen haber nublado y silenciado, e incluso olvidado, todas las hazañas que ocurrieron en el mundo en siglos pasados, por más grandiosas que fueran. Entre estas, están las matanzas y devastaciones de personas inocentes, así como el despoblamiento de pueblos, provincias y reinos, que se han perpetrado en ellas, y son igualmente aterradoras. El obispo don fray Bartolomé de las Casas, en una ocasión que vino a la corte después de dejar el hábito para informar al Emperador, nuestro señor, sobre lo que había presenciado, causó un estado de éxtasis y suspensión en sus oyentes al relatar estas cosas, y fue instado a poner algunas de estas atrocidades por escrito de manera concisa. Así lo hizo, y viendo años después cómo muchos hombres insensibles, corrompidos por la codicia y la ambición, solicitaban al Rey licencia y autoridad para cometer de nuevo estas acciones e incluso otras peores si cabe, decidió presentar este resumen de lo que había escrito al Príncipe, nuestro señor, para que se les negara. Pareció conveniente ponerlo en forma de resumen para que fuera más fácil de leer por Su Alteza. Esta es la razón de la siguiente síntesis o breve relación.

Fin del argumento

Prólogo del obispo don fray Bartolomé de las Casas o Casaus para el muy alto y muy poderoso señor el príncipe de las Españas don Felipe, nuestro señor

Muy distinguido y poderoso señor:

Considerando que la divina providencia ha establecido en su mundo la existencia de reyes en los reinos y pueblos, como padres y pastores según los describe Homero, y que por ende, son los miembros más nobles y generosos de las repúblicas, no se duda de la rectitud de sus corazones reales o, al menos, no debería dudarse con razón. Pues si existen defectos, daños y males en sus dominios, la causa no es otra que la falta de conocimiento por parte de los reyes, quienes, de saber de ellos, los erradicarían con gran diligencia y cuidado. Esto parece insinuarlo la Sagrada Escritura en los Proverbios de Salomón: "El rey que se sienta en el trono de justicia, disipa todo mal con su mirada", lo cual implica que la mera conciencia del mal en su reino es suficiente para que lo desaparezca, y que no puede tolerarlo ni por un momento.

Por lo tanto, yo, muy poderoso señor, al contemplar los males y desastres, la ruina y la opresión (de los cuales nunca se imaginó que los hombres pudieran causar algo igual o similar), de esos tan vastos y poderosos reinos, o mejor dicho, de ese inmenso y nuevo mundo de las Indias, concedidos y encomendados por Dios y por su Iglesia a los reyes de Castilla para que los gobiernen y prosperen tanto en lo temporal como en lo espiritual, como alguien que ha sido testigo de tales sucesos durante más de cincuenta años en esas tierras, y habiendo observado cómo algunos de estos actos han llegado a conocimiento de Vuestra Alteza, no puedo evitar suplicar fervientemente a Su Majestad que no permita ni autorice las acciones que los tiranos han ideado, perpetrado y continuarán cometiendo, llamadas conquistas; ya que, si se les permitiera, volverían a cometerse, y estas acciones, perpetradas contra esas gentes indígenas pacíficas, humildes y dóciles, que no han hecho mal a nadie, son injustas, tiránicas y están condenadas, repudiadas y maldecidas por todas las leyes, ya sean divinas, naturales o humanas. Por lo tanto, para no ser cómplice por mi silencio de las innumerables perdiciones de almas y cuerpos que tales acciones causarán, he decidido poner por escrito algunas pocas de ellas que he recopilado en días pasados, y que podría relatar con veracidad, para que Vuestra Alteza las pueda leer con mayor facilidad.

Aunque el arzobispo de Toledo, quien fue maestro de Vuestra Alteza y anteriormente obispo de Cartagena, me las solicitó y las presentó ante Su Majestad, es posible que debido a los numerosos viajes marítimos y terrestres emprendidos por Vuestra Alteza, así como las ocupaciones frecuentes que ha tenido, no haya tenido la oportunidad de leerlas o las haya olvidado. La temeraria e irracional insistencia de aquellos que consideran trivial derramar una cantidad tan inmensa de sangre humana y despojar esas vastas tierras de sus habitantes y riquezas inigualables, crece día a día. Ellos, mediante diversos medios y pretextos, insisten en que se les concedan o permitan estas llamadas conquistas (las cuales no podrían ser otorgadas sin violar la ley divina y natural, y por ende, serían pecados mortales gravísimos, merecedores de terribles y eternos castigos). Por eso, consideré adecuado servir a Vuestra Alteza con este breve resumen de la amplia historia de los estragos y desastres ocurridos.

Suplico a Vuestra Alteza que lo reciba y lo lea con la clemencia y benevolencia reales que suele mostrar hacia las obras de sus súbditos y servidores que desean servir puramente por el bien público y la prosperidad del reino. Después de revisarlo y entender la injusticia que se comete contra esas gentes inocentes, destruyéndolas y despojándolas sin causa ni razón justa, sino por la avaricia y ambición de aquellos que pretenden cometer tales acciones nefastas, ruego a Vuestra Alteza que, con firmeza, suplique y persuade a Su Majestad que rechace estas empresas nocivas y detestables; y que, más bien, ponga fin de manera permanente a esta solicitud infernal, con un terror tan grande que nadie se atreva a mencionarlas en adelante.

Esta es una acción, muy alto señor, sumamente adecuada y necesaria para que Dios prospere y preserve todo el reino de Castilla, tanto espiritual como temporalmente, y lo haga bendito. Amén.

BREVÍSIMA RELACIÓN DE LA DESTRUCCIÓN DE LAS INDIAS

Las Indias fueron descubiertas en el año 1492. Se establecieron allí cristianos españoles al año siguiente, lo que significa que han pasado cuarenta y nueve años desde que llegaron. La primera tierra que colonizaron fue la gran y felicísima isla Española[1], que tiene unas seiscientas leguas[2] de circunferencia. Alrededor de ella hay otras islas enormes e incontables, todas pobladas y llenas de nativos, lo que la convierte en una de las regiones más densamente pobladas del mundo. La tierra firme, que está a unas doscientas cincuenta leguas de distancia de esta isla, tiene más de diez mil leguas de costa, y cada día se descubren más áreas habitadas, todas llenas como una colmena, por lo que se ha descubierto hasta el año 1441. Parece que Dios ha concentrado la mayor parte de la población humana en estas tierras.

Estas gentes, de todas las razas, son creadas por Dios como las más simples, sin malicia ni doblez, sumamente obedientes y

---

1 Isla que hoy se reparten los estados de Haití y República Dominicana

2 Una legua equivale a 5.572,7 m. Seiscientas leguas son, aproximadamente, 3.350 km. El perímetro real de la Isla Española es de 3.059 km.

leales tanto a sus gobernantes naturales como a los cristianos a los que sirven. Son más humildes, pacientes, pacíficas y tranquilas que cualquier otra gente en el mundo. No son propensas a disputas ni conflictos, no son belicosas, no son quejosas, no albergan rencores ni odios, ni buscan venganza como ocurre en otros lugares. Además, son personas delicadas, débiles y sensibles al sufrimiento, y son propensas a enfermarse fácilmente. No son más fuertes que los hijos de los nobles y señores en nuestra sociedad, criados en el lujo y la comodidad, aunque incluso los campesinos entre ellos son igualmente delicados. Son extremadamente pobres y carecen de deseo de poseer bienes materiales, por lo que no son arrogantes, ambiciosos ni codiciosos. Su dieta es tan austera que no es menos satisfactoria que la de los santos padres en el desierto. Normalmente visten taparrabos de cuero para cubrir sus cuerpos, y a veces se envuelven con una manta de algodón. Duermen sobre esteras o en redes colgadas, que en la lengua de la Isla Española llamaban "hamacas". Son personas limpias, inteligentes y de mente abierta, muy aptas para aprender y comprender la fe católica, y son menos obstaculizadas para ello que cualquier otra gente en el mundo. Una vez que comienzan a conocer la fe, muestran un gran interés en aprender más y participar en los sacramentos y el culto religioso, hasta el punto que los religiosos precisan estar dotados de mucha paciencia para aguantarlos. De hecho, muchos españoles laicos han expresado que estas personas serían las más bendecidas del mundo si tan solo conocieran a Dios.

A pesar de estas características positivas otorgadas por su Creador a estas ovejas mansas, los españoles, desde el momento en que los encontraron, los han tratado como lobos y tigres hambrientos. Durante los últimos cuarenta años, y hasta el día de hoy, lo único que han hecho es masacrar, matar, angustiar, afligir, torturar y destruirlos de formas crueles e inhumanas, sin precedentes en la historia. Como resultado de estas atrocidades, la población de la isla Española, que en un momento contaba con más de tres millones de personas, ahora se ha reducido a apenas doscientas. Cuba, casi del tamaño de la distancia entre Valladolid y Roma, está casi completamente despoblada. Las islas de San Juan y Jamaica, grandes y bellísimas, así como muchas otras, también están desoladas. Las islas de Lucayos, cercanas a Cuba y la Española por el norte, con la que llamaban de Gigantes, y otras islas la peor de las cuales es más fértil y bella que la Huerta del Rey de Sevilla, en las que habría más de 500.000 almas, junto con otras sesenta islas, están completamente deshabitadas debido a la crueldad de los españoles. Se estima que, en total, más de doce millones de personas han sido asesinadas en los últimos cuarenta años debido a las atrocidades y la tiranía de los españoles.

Los españoles han empleado dos métodos principales para exterminar a estas naciones indefensas. El primero es a través de guerras injustas, crueles, sangrientas y tiránicas; el segundo, después de que han muerto todos aquellos que podrían rebelarse o desear la libertad, es someter a los sobrevivientes a la más dura, horrible y áspera servidumbre. Todas las demás formas de crueldad que han empleado se pueden clasificar en estos dos géneros. Todo esto ha sido motivado por la codicia y la ambición desmedida de los españoles, que han buscado enriquecerse rápidamente y obtener un poder desmedido en estas tierras prósperas y someter a las gentes humildes y dóciles que las habitan. No han tratado a estas personas como seres humanos, sino peor que a animales, y como resultado, han destruido sus vidas y sus almas. Esto es una verdad bien conocida por todos, incluso por aquellos que cometieron estos actos atroces: los indígenas de las

Indias nunca hicieron daño a los cristianos, y de hecho los consideraban como enviados del cielo, hasta que fueron víctimas de numerosos males, robos, muertes, violencias y abusos por parte de los mismos cristianos.

DE LA ISLA ESPAÑOLA

En la isla de La Española, que fue la primera, como dijimos, en la que entraron los cristianos y comenzaron los grandes estragos y destrucciones de estas gentes, y la que primero devastaron y despoblaron, los cristianos empezaron a tomar a las mujeres y a los hijos de los indígenas para servirse de ellos, maltratarlos y consumir sus alimentos, que provenían de su sudor y trabajo. No se conformaban con lo que los indígenas les daban voluntariamente según las posibilidades de cada uno, que siempre era poco, porque los indígenas no suelen tener más de lo necesario para vivir y lo consiguen con poco esfuerzo. Lo que basta para alimentar a tres casas de diez personas durante un mes, lo come y destruye un cristiano en un solo día. Además, cometían muchas otras fuerzas, violencias y abusos contra ellos.

Los indígenas empezaron a entender que esos hombres no podían haber venido del cielo; algunos escondían sus alimentos, otros ocultaban a sus mujeres e hijos, y algunos huían a los montes para alejarse de personas tan crueles y de tan terrible comportamiento. Los cristianos les golpeaban con bofetadas y palos, llegando incluso a agredir a los señores de los pueblos. Esto llegó a tal nivel de atrevimiento y desvergüenza que un capitán cristiano violó a la esposa del mayor rey y señor de toda la isla.

Entonces, los indígenas empezaron a buscar maneras de expulsar a los cristianos de sus tierras. Se armaron, pero sus armas eran muy débiles, de poca capacidad ofensiva y defensiva, por lo que sus guerras eran poco más que juegos de niños. Los cristianos, con sus caballos, espadas y lanzas, comenzaron a hacer matanzas y atrocidades inimaginables contra ellos. Entraban en los pueblos sin perdonar a nadie: ni a niños, ni a ancianos, ni a mujeres embarazadas o que acababan de dar a luz, a quienes abrían el vientre y despedazaban como si se tratara de corderos encerrados en sus corrales.

Apostaban sobre quién, de un tajo, partía a un hombre por la mitad, le cortaba la cabeza de un golpe o le sacaba las entrañas. Tomaban a los niños de los pechos de sus madres, los agarraban por las piernas y les estrellaban la cabeza contra las rocas. Otros los arrojaban al río riendo y burlándose, y cuando los veían caer al agua decían: «¿Te mueves, cuerpo de tal?». Otras veces atravesaban a las criaturas con las espadas junto con sus madres y a todos los que encontraban. Construían largas horcas que casi rozaban el suelo y, de trece en trece, en honor y reverencia a nuestro Redentor y a los doce apóstoles, los colgaban y quemaban vivos poniéndoles leña y fuego.

A otros los ataban y cubrían sus cuerpos con paja seca, a la que prendían fuego y así los quemaban. A quienes querían dejar vivos, les cortaban ambas manos y las dejaban colgando, diciéndoles: «Llevad cartas», como queriendo decir: «Llevad la noticia a los que se han refugiado en las montañas».

Comúnmente mataban a los señores y nobles de esta manera: construían parrillas de varas sobre horquetas y los ataban en ellas, poniéndoles fuego lento por debajo, de modo que, poco a poco, mientras daban alaridos de dolor, sus almas se les escapaban en medio de aquellos tormentos desesperados. Una vez vi que tenían en las parrillas, quemándose, a cuatro o cinco nobles señores (y creo que había otras dos o tres parrillas donde quemaban a otros), y como gritaban muy fuerte y causaban molestia al capitán o le impedían dormir, ordenó que los ahogaran.

Sin embargo, el alguacil, que era peor que un verdugo y se encargaba de quemarlos (y sé bien cómo se llamaba y hasta conocí a sus parientes en Sevilla), no quiso ahogarlos. En lugar de eso, les metió palos en la boca con sus propias manos para que no hicieran ruido, y avivó el fuego hasta que se asaron lentamente, tal como él deseaba.

Yo vi todas las cosas arriba mencionadas y muchas otras incontables. Como toda la gente que podía huir se refugiaba en los montes y subía a las sierras, huyendo de hombres tan inhumanos, tan despiadados y tan feroces, verdaderas bestias y enemigos mortales de la humanidad, estos cristianos adiestraron lebreles, perros bravísimos que, al ver a un indio, lo destrozaban en un instante y lo devoraban con más ganas que si se tratara de un cerdo. Estos perros causaron grandes estragos y matanzas.

Y porque algunas veces, aunque raras y pocas, los indios mataban a algunos cristianos con justa razón y en defensa propia, los cristianos establecieron una ley entre ellos: por cada cristiano que los indios mataran, los cristianos debían matar a cien indios.

LOS REINOS QUE HABÍA EN LA ISLA ESPAÑOLA

En la isla Española había cinco reinos principales y cinco poderosos reyes, a los que prácticamente todos los demás señores, en número incontable, obedecían. Uno de esos reinos se llamaba Maguá, que significa "el reino de la Vega". Esta vega es una de las maravillas más notables del mundo, ya que se extiende por ochenta leguas desde el mar del Sur hasta el mar del Norte, con un ancho de cinco a diez leguas y tierras altísimas a ambos lados. Más de treinta mil ríos y arroyos desembocan en ella, incluyendo doce tan grandes como el Ebro, el Duero y el Guadalquivir. Todos los ríos que provienen de una sierra al oeste, unos veinte o veinticinco mil en total, son ricos en oro. En esta sierra se encuentra la provincia de Cibao, donde se encuentran las famosas minas de Cibao, que producen oro de alta calidad.

El rey de este reino se llamaba Guarionex, y tenía vasallos tan poderosos que uno de ellos podía reunir hasta dieciséis mil hombres para servirle. Este rey era muy obediente, virtuoso y pacífico por naturaleza, y estaba devotamente comprometido con los reyes de Castilla. En un gesto de lealtad, Guarionex ordenó que cada persona en su reino entregara, por varios años, el hueco de un cascabel lleno de oro como tributo. Sin embargo, cuando no pudieron cumplir con esta exigencia, les cortaron los cascabeles por la mitad y entregaron la mitad llena de oro, ya que los indígenas no tenían experiencia en la extracción de oro de las minas. Guarionex incluso ofreció al rey de Castilla cultivar una franja de tierra desde La Isabela hasta Santo Domingo, una distancia de cincuenta leguas, para evitar que le pidieran oro, ya que sus súbditos no tenían la habilidad para extraerlo. Este proyecto, según él, habría generado para el rey más de tres millones de monedas de oro al año, y podría haber dado lugar a más de cincuenta ciudades del tamaño de Sevilla en la isla.

A pesar de su lealtad y servicio, Guarionex fue deshonrado cuando un capitán mal cristiano violó a su esposa. En lugar de buscar venganza, Guarionex decidió exiliarse en una provincia llamada Ciguayos. Sin embargo, los cristianos lo encontraron y lo capturaron, y lo llevaron a Castilla en un barco que se hundió en el mar, llevándose consigo a Guarionex y una gran cantidad de oro como castigo por sus injusticias.

El segundo reino, Marién, estaba ubicado donde ahora se encuentra Puerto Real, en el extremo de la Vega, hacia el norte. Era más grande que el reino de Portugal y estaba lleno de montañas y minas de oro y cobre. Su rey se llamaba Guacanagarí, y tenía numerosos y poderosos súbditos. Fue a este reino donde llegó por primera vez el Almirante viejo cuando descubrió las Indias. Guacanagarí los recibió con gran hospitalidad y les ofreció ayuda, incluso después de que el Almirante perdiera su barco. Sin embargo, después de la muerte de Guacanagarí, tanto él como sus súbditos fueron masacrados por los cristianos.

El tercer reino, Maguana, también era una tierra admirable y fértil, conocida por producir el mejor azúcar de la isla. Su rey se llamaba Caonabó, y era conocido por su valor y dignidad. Fue capturado por los cristianos mientras estaba en su propia casa y luego enviado a Castilla, donde murió en un naufragio. Sus hermanos, al ver la injusticia de su prisión y las atrocidades cometidas por los cristianos en los otros reinos, se levantaron en armas para vengarse. Sin embargo, fueron brutalmente derrotados por los cristianos, quienes asolaron la mitad de su reino.

El cuarto reino, Jaraguá, era como el corazón de la isla, con una cultura más refinada y una nobleza más numerosa y generosa que en los otros reinos. Su rey, Behechio, y su hermana, Anacaona, ayudaron a los cristianos en numerosas ocasiones, pero después de la muerte de Behechio, Anacaona asumió el liderazgo y fue colgada por los cristianos junto con muchos de sus súbditos. Los cristianos, con su gobernador a la cabeza, llevaron a cabo una masacre brutal, asesinando a cientos de señores y ahorcando a Anacaona como una forma de "honor". Algunos cristianos mostraron cierta piedad al tomar niños como esclavos en lugar de matarlos, pero los trataron tan mal que muchos murieron de hambre o abuso.

El quinto reino, Higüey, era gobernado por una anciana llamada Higuanamá, quien fue ahorcada por los cristianos. Innumerables personas fueron quemadas vivas, despedazadas y torturadas de diversas maneras, y todos los que quedaron vivos fueron esclavizados.

Las guerras y las masacres perpetradas por los cristianos en estas tierras fueron inhumanas y atroces. Los indígenas no cometieron más pecados que los provocados por la brutalidad y la codicia de los cristianos, quienes los trataron peor que a bestias, explotándolos, esclavizándolos y exterminándolos sin piedad. La destrucción de estas tierras comenzó tras la muerte de la reina Isabel, quien había mostrado preocupación por el bienestar de los nativos. En resumen, los cristianos fueron responsables de crímenes tan atroces que incluso un convento de monjes malvados podría haberse avergonzado de cometerlos.

DE LAS DOS ISLAS DE SAN JUAN Y JAMAICA

En el año 1509, los españoles llegaron a las islas de San Juan y Jamaica, que eran como jardines y colmenas. Su objetivo era similar al que tenían en la Española: cometer los mismos grandes insultos y pecados mencionados anteriormente. Además, perpetraron numerosas y atroces crueldades adicionales, como matar, quemar, asar y arrojar a perros salvajes a los nativos. Luego, los sometieron a opresión, tormento y vejación en las minas y otros trabajos, hasta consumir y acabar con todos esos desdichados inocentes. Se estima que en esas dos islas había más de seiscientas mil personas, tal vez incluso más de un millón, y hoy en día apenas quedan doscientas personas en cada una. Todas ellas perecieron sin fe y sin sacramentos.

DE LA ISLA DE CUBA

En el año 1511, llegaron a la isla de Cuba, que es, como mencioné, tan larga como de Valladolid a Roma, y en la cual había grandes provincias pobladas. Empezaron y terminaron sus acciones de las maneras ya mencionadas, y de forma aún más cruel. Aquí ocurrieron hechos muy notables. Un cacique y señor muy importante llamado Hatuey, que había huido de la isla Española a Cuba con mucha de su gente para escapar de las calamidades y las inhumanas acciones de los cristianos, al estar en la isla de Cuba y al recibir noticias de algunos indígenas de que los cristianos estaban llegando a la isla, reunió a mucha o toda su gente y les dijo: «Ya sabéis que se dice que los cristianos vienen aquí, y sabéis lo que les ha pasado a los señores fulano, fulano y fulano y a esas gentes de Haití (que es la Española). Lo mismo vienen a hacer aquí. ¿Sabéis acaso por qué lo hacen?». Respondieron: «No, solo sabemos que son crueles y malos por naturaleza». Entonces él dijo: «No lo hacen solo por eso, sino porque tienen un dios al que ellos adoran y al que quieren mucho, y para obtenerlo de nosotros, para adorarlo, tratan de someternos y nos matan». Tenía junto a él una cestilla llena de oro en joyas, y dijo: «Aquí tenéis al dios de los cristianos; hagámosle, si os parece, areítos (que son bailes y danzas) y quizá así lo complacemos y les ordenará que no nos hagan daño». Todos respondieron en coro: «Está bien, está bien». Bailaron frente a él hasta que todos se cansaron, y luego el señor Hatuey dijo: «Miren, sea como sea, si lo guardamos, al final nos matarán para quitárnoslo: mejor arrojémoslo a este río». Todos votaron para que así se hiciera y, por tanto, lo arrojaron a un gran río que estaba allí.

Este cacique y señor estuvo siempre huyendo de los cristianos desde que llegaron a la isla de Cuba, ya que los conocía bien, y se defendía cuando se encontraba con ellos. Finalmente, lo capturaron. Solo por haber huido de gente tan inicua y cruel, y por defenderse de quienes querían matarlo y oprimir hasta la muerte a él y a toda su gente y descendencia, decidieron quemarlo vivo.

Atado al poste, un religioso de la orden de San Francisco, un hombre santo que se encontraba allí, le habló sobre Dios y nuestra fe (cosas que él nunca antes había escuchado), en el breve tiempo que los verdugos le permitieron. Le dijo que si creía en lo que le estaba explicando, iría al cielo, donde hay gloria y descanso eterno; y que si no, iría al infierno a sufrir tormentos y penas perpetuas.

Hatuey, después de pensar un momento, le preguntó al religioso si los cristianos iban al cielo. El religioso respondió que sí, pero solo aquellos que eran buenos. Entonces, sin dudarlo más, el cacique dijo que no quería ir allí, sino al infierno, para no estar donde estuvieran y no ver a gente tan cruel. Ésta es la fama y el honor que Dios y nuestra fe han ganado con los cristianos que han ido a las Indias.

Una vez, al salir a recibirnos con alimentos y regalos a diez leguas de un gran pueblo, y al llegar allí, nos ofrecieron una gran cantidad de pescado, pan y comida, con todo lo que pudieron. De repente, el diablo se apoderó de los cristianos, y en mi presencia (sin motivo ni causa alguna) mataron a cuchillo a más de tres mil almas que estaban sentadas frente a nosotros, hombres, mujeres y niños. Allí presencié crueldades tan grandes que jamás los vivos han visto ni imaginaron ver.

Otra vez, pocos días después, envié mensajeros para asegurar a todos los señores de la provincia de La Habana que no debían temer, ya que tenían buena reputación de mí y, por lo tanto, no deberían huir, sino salir a recibirnos, asegurándoles que no se les haría ningún daño (porque toda la tierra estaba aterrorizada por las matanzas anteriores). Hice esto con el consentimiento del capitán. Al llegar a la provincia, nos salieron a recibir veintiún señores y caciques, y de inmediato el capitán los arrestó, quebrantando la promesa de seguridad que yo les había dado, y planeaba quemarlos vivos al día siguiente, diciendo que era lo correcto porque esos señores, en algún momento, podrían causar algún daño. Me vi en grandes apuros para salvarlos de la hoguera, pero al final lograron escapar.

Después de que todos los indígenas de esta isla fueron sometidos a la servidumbre y calamidades impuestas por los de la Española, al verse morir y perecer sin remedio, comenzaron a huir a los montes, otros se ahorcaban en su desesperación, y en muchos casos se ahorcaban maridos y mujeres junto con sus hijos. Debido a las crueldades de un español muy tirano que conocí, más de doscientos indígenas se ahorcaron. De esta manera, pereció una cantidad infinita de personas.

Hubo un oficial del rey en esta isla al que se le asignaron trescientos indígenas como parte de un repartimiento, y en el transcurso de tres meses, de esos trescientos, murieron doscientos setenta en los trabajos forzados en las minas, quedándole solo treinta, que era apenas el diezmo. Luego le asignaron otros tantos, e incluso más, y también los mató. Cuantos más le daban, más morían, hasta que finalmente él también murió, y el diablo se llevó su alma.

En el transcurso de tres o cuatro meses, estando yo presente, murieron de hambre más de siete mil niños, porque sus padres y madres fueron llevados a trabajar en las minas. Presencié otras cosas espantosas. Después, decidieron ir a cazar a los indígenas que se habían refugiado en los montes, donde cometieron atrocidades inimaginables, y de esta manera devastaron y despoblaron toda la isla. La vimos hace poco, y es una gran lástima y compasión verla desierta y convertida en una completa soledad.

DE LA TIERRA FIRME

El año 1514, un desdichado gobernador, un tirano extremadamente cruel, llegó a la Tierra Firme. Sin compasión ni prudencia, actuó como un instrumento del furor divino, con el propósito de poblar esa tierra con numerosos colonos españoles. Aunque algunos gobernadores anteriores habían saqueado y causado estragos en la Tierra Firme, principalmente en la costa, este gobernador superó a todos los demás en maldad y atrocidades. No se limitó a la costa, sino que devastó grandes extensiones de tierra y reinos, matando a innumerables personas y enviándolas al infierno. Despobló desde muchas leguas arriba del Darién[3] hasta el reino y provincias de Nicaragua, incluyendo más de quinientas leguas de territorio, una región que se consideraba la mejor y más poblada del mundo, con numerosos señores, poblaciones infinitas y grandes riquezas de oro, que hasta entonces no se habían visto en ninguna otra parte. Aunque la isla Española había proporcionado una gran cantidad de oro a España, principalmente extraído de las minas con el trabajo de los indios, lo que se encontró en la Tierra Firme superaba todo eso.

Este gobernador y su séquito idearon nuevas formas de crueldad y tortura para obligar a los indios a revelar y entregar su oro. Uno de sus capitanes, en una incursión ordenada por él para saquear y diezmar a la población, mató a más de 40.000 personas, según presenció un fraile franciscano llamado fray Francisco de San Román, quemándolas vivas, apuñalándolas y entregándolas a perros salvajes, torturándolas de diversas formas.

---

3 Región que une Panamá con el continente americano.

La ceguera perniciosa de quienes dirigían las Indias en ese momento, al tratar de convertir y salvar a esas personas, era evidente en el hecho de que ordenaban requerimientos para que los indios se convirtieran a la fe cristiana y obedecieran al rey de Castilla, o de lo contrario enfrentarían guerra, muerte y esclavitud. Esto era absurdo e injusto, ya que exigían la sumisión de personas pacíficas y ajenas a la ley y autoridad del rey español, utilizando la violencia como medio de conversión.

En sus incursiones, los españoles llevaban a cabo estos requerimientos de manera engañosa, anunciándolos durante la noche a una distancia segura de los pueblos indígenas. Luego, al amanecer, atacaban los pueblos, prendiéndoles fuego y matando a hombres, mujeres y niños mientras aún dormían. Torturaban a los sobrevivientes para obtener información sobre otros pueblos con oro y esclavizaban a los que quedaban.

Un caso especialmente atroz fue cuando un cacique ofreció voluntariamente nueve mil castellanos[4] como tributo, pero los españoles, insatisfechos, lo ataron a un poste y le prendieron fuego en los pies para obligarlo a revelar más oro. Cuando no pudo dar más oro, lo mantuvieron en ese estado hasta que murió de forma espantosa. Este tipo de torturas eran comunes, y muchas veces los españoles mataban y torturaban a los líderes indígenas para obtener oro.

En una ocasión, atacaron a un grupo de indígenas que se habían refugiado en un monte, donde mataron a muchos y capturaron a muchas mujeres y doncellas. Cuando los indígenas atacaron en represalia, los españoles, en lugar de liberar a las mujeres,

---

4   El castellano fue llamado más comúnmente "peso de oro" y a veces solo "peso". Cuando el castellano dejó de acuñarse, en 1497, quedó como unidad de peso en el pago.

las mataron cruelmente para evitar que cayeran en manos de los indios. Los indígenas, horrorizados por este acto, los llamaron "malos hombres" y "crueles cristianos".

En otro incidente, un gran señor llamado Paris recibió a los españoles amigablemente y les entregó 50.000 castellanos como muestra de su generosidad. Sin embargo, los españoles, creyendo que aquellos que daban tanto debían tener aún más, atacaron su pueblo, quemándolo, matando a muchos y saqueando más oro. El cacique escapó, pero luego se enfrentó a los españoles, matando a muchos de ellos y recuperando el oro. Sin embargo, los españoles luego regresaron y aniquilaron a su gente, dejando la región desolada, a pesar de tener una población considerable.

En resumen, este desventurado gobernador, con sus acciones y las de su séquito, causó innumerables maldades y destrucción en los reinos que conquistó.

DE LA PROVINCIA DE NICARAGUA

El año 1522 o 1523, este tirano llegó para subyugar la próspera provincia de Nicaragua, lo cual marcó el comienzo de tiempos oscuros para esa región. ¿Quién podría exaltar lo suficiente la felicidad, salud, belleza y prosperidad, así como la abundancia de gente en esa provincia? Era verdaderamente admirable ver la densidad de población en los pueblos, que a menudo se extendían por tres o cuatro leguas, llenos de frutas maravillosas, lo que hacía que la población fuera inmensa. A pesar de las persecuciones y la servidumbre impuesta por los españoles, los indios no querían abandonar su tierra, tan llana, agradable y segura, y como eran personas muy dóciles y pacíficas, sufrían grandes injusticias y abusos con tal de quedarse en su tierra natal.

Este tirano y sus secuaces, quienes habían ayudado a destruir todo el reino anteriormente, infligieron tantos daños, tantas matanzas, tantas crueldades y tantas injusticias a los pacíficos habitantes de Nicaragua que es imposible describirlo con palabras humanas. Envió a caballo a 50 soldados para que saquearan una provincia entera, mayor que el condado de Rosellón, no dejando ni a hombres ni mujeres ni ancianos ni niños con vida por razones insignificantes, como no responder rápidamente a su llamado o no proporcionarles suficiente maíz o esclavos. Los españoles también realizaban incursiones para saquear otros pueblos, llevándose a tantos indios como querían, encadenándolos para que no abandonaran las cargas que llevaban a cuestas. En muchos casos, de cuatro mil indios solo volvían seis vivos a sus hogares, ya que los dejaban muertos en los caminos. Cuando los indios se cansaban o se desmayaban por el peso de las cargas, les cortaban la cabeza por la correa de la cadena, dejando la cabeza en un extremo y el cuerpo en otro.

En una ocasión, el gobernador ordenó un nuevo reparto de los indios, lo que provocó que no sembraran maíz. Como resultado, más de veinte o 30.000 personas murieron de hambre, y una mujer llegó a matar a su propio hijo para alimentarse.

Los españoles se adueñaron de las tierras y las propiedades de los indios, instalándose en sus casas y haciéndolos trabajar día y noche sin descanso. Incluso los niños eran obligados a trabajar más allá de sus capacidades, lo que llevó a su pronta muerte. Los españoles también obligaban a los indios a transportar madera y tablones durante largas distancias para construir barcos, y los enviaban a buscar miel y cera en los montes, donde a menudo eran atacados y devorados por los tigres.

Una de las peores tragedias fue la licencia que el gobernador otorgó a los españoles para exigir esclavos a los caciques y señores de los pueblos. Esto llevó al despojo de más de 500.000 almas de su tierra natal, vendidas como esclavos en Panamá y el Perú, donde la mayoría de ellos perecieron. Además, se estima que otras quinientas o 600.000 personas murieron a causa de las guerras y el cautiverio impuestos por los españoles. En solo catorce años, toda esta destrucción se llevó a cabo, dejando a la provincia de Nicaragua con solo cuatro o 5.000 personas, que continúan siendo víctimas de opresión y violencia a manos de los españoles.

DE LA NUEVA ESPAÑA

El año 1517 marcó el descubrimiento de la Nueva España[5], un evento que desencadenó grandes disturbios entre los indígenas y resultó en algunas muertes por parte de los conquistadores. Al año siguiente, en 1518, los que se llaman cristianos llegaron para saquear y matar, bajo el pretexto de colonizar. Desde entonces hasta el año 1542, toda la iniquidad, injusticia, violencia y tiranía de los cristianos en las Indias alcanzó su punto máximo, ya que perdieron todo temor a Dios, al rey y a sí mismos. Son tantos y tales los estragos y crueldades, matanzas y destrucciones, despoblaciones, robos, violencias y tiranías, y en tantos y tales reinos de la gran tierra firme, que todas las cosas que hemos mencionado no son nada en comparación con las que realmente ocurrieron. Pero, aunque mencionáramos todas, hay tantas cosas que dejamos de decir, que son infinitas, y no se pueden comparar ni en número ni

---

5   Territorio que correspondería, a grandes rasgos, a México y Centroamérica.

en gravedad con las que se han hecho y perpetrado desde el año mil quinientos dieciocho hasta el día de hoy, en el año mil quinientos cuarenta y dos. Y hoy, en este día del mes de septiembre, se cometen las más graves y abominables, para que sea cierta la regla que mencionamos antes: desde el principio siempre han ido en aumento los mayores excesos y obras infernales.

Desde la entrada en Nueva España el 18 de abril de 1518 hasta el año 1530, se desataron matanzas y devastaciones continuas a lo largo de unas cuatrocientas cincuenta leguas alrededor de la ciudad de México, que abarcaban varios reinos tan grandes y prósperos como España. Estas tierras estaban más pobladas y llenas de gente que Toledo, Sevilla, Valladolid y Zaragoza juntas con Barcelona, porque nunca ha habido tanta población en estas ciudades, ni siquiera en sus épocas más pobladas, como la que Dios puso y había en todas las leguas mencionadas, que para recorrerlas alrededor habría que caminar más de mil ochocientas leguas. Pero los españoles han matado en los doce años mencionados, en esas cuatrocientas cincuenta leguas, a cuchillo, lanzadas y quemándolos vivos, a mujeres, niños, jóvenes y ancianos, un total de cuatrocientos mil almas, mientras duraban (como se ha dicho) lo que ellos llaman conquistas, que en realidad eran invasiones violentas de crueles tiranos, condenadas no solo por la ley de Dios, sino por todas las leyes humanas. Y estas son mucho peores que las que realiza el turco para destruir la Iglesia cristiana. Y esto sin contar a los que han muerto y matan cada día en la mencionada tiránica servidumbre, vejaciones y opresiones cotidianas. Es imposible relatar completamente los horrores que ocurrieron en distintas partes de ese territorio en un solo momento, perpetrados por esos enemigos del género humano. Algunos de estos hechos son tan atroces que apenas pueden ser explicados, incluso con mucho esfuerzo y tiempo.

No sería suficiente ninguna lengua, conocimiento o habilidad humana para relatar los hechos espantosos que, en distintas partes, a veces al mismo tiempo en algunos lugares y de diferentes maneras en otros, han sido cometidos por esos enemigos públicos y mortales del género humano dentro de ese territorio mencionado. Algunos de esos hechos, dadas las circunstancias y condiciones que los agravan, en verdad apenas pueden ser explicados completamente, incluso con mucha diligencia, tiempo y escritura. Sin embargo, mencionaré algunas cosas de algunos lugares, con la protesta y juramento de que no creo que llegue a explicar ni una de cada mil partes.

Entre otras matanzas, los españoles hicieron una en una gran ciudad de más de treinta mil habitantes llamada Cholula. Cuando salieron a recibirlos todos los señores de la región y, primero, todos los sacerdotes con el sumo sacerdote, en procesión y con gran respeto y reverencia, llevaron a los cristianos al centro de la ciudad y a las casas de alojamiento de los principales señores. Los españoles decidieron hacer allí una matanza o "castigo" (como ellos lo llamaban) para sembrar el miedo y mostrar su crueldad en todos los rincones de esas tierras. Esta siempre fue su intención en todas las tierras a las que entraron: realizar una cruel y notable matanza para que aquellas gentes, como ovejas mansas, les temieran.

Para esto, primero enviaron a llamar a todos los señores y nobles de la ciudad y de todos los lugares bajo su dominio, junto con el señor principal. Así, a medida que llegaban y entraban a hablar con el capitán de los españoles, eran apresados sin que nadie lo notara para evitar que se diera la alarma. También les pidieron cinco o seis mil indígenas para que les llevaran las cargas; todos llegaron y los metieron en el patio de las casas. Ver a estos indígenas cuando se preparaban para llevar las cargas de los españoles despertaba una gran compasión y lástima, pues venían desnudos, solo cubiertas sus vergüenzas, con unas pequeñas redes al hombro con su pobre comida. Todos se ponían en cuclillas, como corderos muy mansos, reunidos en el patio con otras personas mezcladas. A las puertas del patio, se colocaron españoles armados para vigilar, y todos los demás desenvainaron sus espadas y empezaron a matar a todas aquellas "ovejas" con espadas y lanzas; nadie pudo escapar sin ser masacrado.

A los dos o tres días, muchos indígenas salieron vivos, cubiertos de sangre, pues se habían escondido y refugiado bajo los muertos (que eran muchos), y se acercaron llorando a los españoles, pidiendo misericordia para que no los mataran. Sin embargo, no hubo misericordia ni compasión; tan pronto como salían, los hacían pedazos. Al capitán le ordenaron sacar a todos los señores, más de cien que estaban atados, y quemarlos vivos en postes clavados en la tierra. Pero un señor, que quizá era el principal y rey de esa tierra, logró liberarse y se refugió con otros veinte, treinta o cuarenta hombres en el gran templo que tenían allí, que era como una fortaleza, llamada cuu. Se defendieron allí durante gran parte del día, pero los españoles, a quienes nada podía resistirse, especialmente estas personas desarmadas, prendieron fuego al templo y allí los quemaron mientras ellos gritaban: "¡Oh, hombres malvados! ¿Qué os hemos hecho? ¿Por qué nos matáis? Iremos a México, donde nuestro señor universal, Moctezuma, os hará justicia." Se dice que, mientras estaban matando a espada a los cinco o seis mil hombres en el patio, el capitán de los españoles estaba cantando:

> "Miraba, Nerón, desde el Tarpeya,
> cómo Roma ardía.
> Gritos daban niños y ancianos,
> y él de nada se dolía."

Otra gran matanza llevaron a cabo en la ciudad de Tepeaca, que era mucho más grande y con más habitantes que la mencionada anteriormente, donde mataron a una cantidad innumerable de personas a espada, con actos de extrema crueldad.

Desde Cholula caminaron hacia México, y el gran rey Moctezuma les envió miles de regalos, nobles, gente, y fiestas a lo largo del camino. A la entrada de la calzada de México, que está a dos leguas, les envió a su propio hermano, acompañado de muchos grandes señores y grandes presentes de oro, plata y telas. Y a la entrada de la ciudad, Moctezuma mismo salió en persona, llevado en una litera de oro con toda su gran corte para recibirlos y acompañarlos hasta los palacios donde había ordenado que se alojaran. Ese mismo día, según me contaron algunos de los que estuvieron presentes, con cierta astucia, y estando Moctezuma confiado, lo apresaron y pusieron ochenta hombres a vigilarlo. Después, lo encadenaron.

Pero dejando de lado todo esto, en lo que habría muchas y grandes cosas que contar, solo quiero mencionar un hecho particular que esos tiranos hicieron allí: cuando el capitán de los españoles se fue al puerto del mar para capturar a otro capitán que venía contra él, dejó a otro capitán, creo que con unos cien hombres o pocos más, para que cuidaran al rey Moctezuma. Entonces, esos españoles decidieron realizar otra acción destacada para aumentar el miedo en toda la tierra, una táctica que, como dije, habían usado muchas veces. Los indígenas, la gente, y los nobles de toda la ciudad y la corte de Moctezuma no hacían otra cosa más que tratar de dar placer a su señor cautivo. Entre otras fiestas, organizaban por las tardes los bailes y danzas tradicionales en todos los barrios y plazas de la ciudad, llamados mitotes, que en las islas llaman areítos. En estas celebraciones, mostraban todas sus galas y riquezas, adornándose con plumas, pues esa era su principal forma de festividad y regocijo. Los más nobles, caballeros y de sangre real, según sus rangos, realizaban sus bailes y fiestas más cerca de las casas donde su señor estaba prisionero.

En la parte más cercana a los palacios mencionados había unos dos mil hijos de señores, que eran toda la flor y nata de la nobleza de todo el imperio de Moctezuma. Hacia ellos se dirigió el capitán de los españoles con un grupo de los suyos y envió otros grupos a otras partes de la ciudad donde se celebraban las fiestas, fingiendo que iban a verlas. Ordenó que a una cierta hora todos atacaran. Él mismo fue y, mientras los nobles estaban absortos y confiados en sus bailes, gritó: "¡Santiago y a ellos!" Y comenzaron, con sus espadas desnudas, a abrir aquellos cuerpos desnudos y delicados y a derramar aquella sangre noble, sin dejar a ninguno con vida. Lo mismo hicieron los otros en las demás plazas. Esto fue algo que sumió a todos esos reinos y gentes en el asombro, la angustia y el luto, llenándolos de amargura y dolor. Y desde entonces, hasta el fin del mundo o hasta que ellos desaparezcan por completo, no dejarán de lamentar y cantar en sus areítos y bailes, como hacemos aquí con los romances, esa calamidad y la pérdida de la sucesión de toda su nobleza, de la que se enorgullecían desde hacía tantos años.

Viendo todo esto los indígenas, que presenciaron la injusticia y crueldad nunca antes vista contra tantos inocentes, quienes habían soportado con tolerancia la injusta prisión impuesta por su rey, ya que él mismo les ordenaba que no atacaran ni hicieran la guerra a los cristianos, se levantaron en armas toda la ciudad y se enfrentaron a los españoles. Muchos españoles resultaron heridos y apenas lograron escapar. Colocaron un puñal en el pecho del prisionero Moctezuma y le ordenaron que se dirigiera a los corredores para que los indios no atacaran la casa, sino que se mantuvieran en paz. Sin embargo, los indígenas no lo obedecieron y comenzaron a considerar la elección de otro señor y capitán para liderar sus batallas. Cuando el capitán que había ido al puerto regresaba con victoria, trayendo consigo más cristianos y estando cerca de la ciudad, el combate cesó durante unos tres o cuatro días hasta su llegada. Una vez dentro de la ciudad, reunida una inmensa multitud de personas de toda la región, los españoles combatieron a todos juntos durante varios días. Temiendo todos morir, acordaron una noche salir de la ciudad. Sin embargo, cuando los indígenas se enteraron de esto, mataron a una gran cantidad de cristianos en los puentes de la laguna, en una guerra que consideraban justa y santa, dadas las causas justísimas que tenían, como se ha mencionado. Luego, tuvo lugar el combate en la ciudad, con los españoles reformados, donde causaron estragos entre los indígenas, matando a innumerables personas y quemando vivos a muchos grandes señores.

Después de las atrocidades cometidas en la ciudad de México y en las ciudades y tierras circundantes, esta tiránica devastación se extendió hacia la provincia de Pánuco, donde la multitud de gente y los estragos y matanzas fueron asombrosos. Luego, destruyeron de la misma manera las provincias de Tututepeque, Ipilcingo y Colima, cada una de las cuales era más grande que el reino de León o Castilla. Contar los estragos, las muertes y las crueldades en cada una de ellas sería una tarea difícil y prácticamente imposible.

Es notable aquí que el pretexto con el que entraron y comenzaron a destruir a todos esos inocentes y a despoblar esas tierras, que deberían haber causado tanta alegría y regocijo para quienes eran verdaderos cristianos con su inmensa población, era decir que venían a someterse y obedecer al rey de España, cuando en realidad los iban a matar y esclavizar. A aquellos que no se sometían de inmediato a los mensajes tan irracionales y estúpidos y no se entregaban en manos de hombres tan inicuos, crueles y bestiales, los llamaban rebeldes y alzados contra el servicio de Su Majestad. La ceguera de aquellos que gobernaban las Indias no alcanzaba a comprender que nadie puede ser llamado rebelde si primero no es súbdito. Considérenlo los cristianos, y quienes saben algo de Dios, de razón y también de las leyes humanas: ¿cómo pueden quedar los corazones de cualquier pueblo que vive seguro en sus tierras, sin deber nada a nadie y que tiene a sus propios señores, al recibir de repente la noticia de: "Debéis obedecer a un rey extranjero que nunca habéis visto ni oído, y si no, sabed que os haremos pedazos"? Especialmente al ver que, en efecto, así lo hacen. Y lo que es aún más espantoso: a aquellos que obedecen, de hecho, los someten a una servidumbre extremadamente cruel, donde, con trabajos y tormentos increíbles, más largos y duraderos que los que sufren cuando los matan a espada, finalmente perecen ellos, sus mujeres, sus hijos, y toda su descendencia.

Y aunque, con esos temores y amenazas, esas personas, o cualquier otro pueblo en el mundo, lleguen a obedecer y reconocer la autoridad de un rey extranjero, ¿no ven los ciegos y los cegados por la ambición y la codicia diabólica que, ni por eso, adquieren el menor derecho sobre esos pueblos? Pues verdaderamente, esos hombres inconstantes y débiles solo obedecen por miedo y terror. Según el derecho natural, humano y divino, todo lo que se haga para que tenga validez es tan vacío como el aire, excepto el peso de la culpa y la obligación que les queda hacia los fuegos del infierno, y también por las ofensas y daños que causan a los reyes de Castilla, destruyendo sus reinos y, en la medida de lo posible, anulando todo el derecho que tienen sobre todas las Indias. Y estos son, y no otros, los "servicios" que los españoles han hecho y siguen haciendo a los señores reyes en esas tierras.

Los métodos de terror y las amenazas que empleaban no otorgaban ningún derecho legítimo, solo sembraban temor en el corazón de la gente. Aunque algunas personas, bajo la presión de estos temores y amenazas, pudieran venir a obedecer y reconocer el dominio de un rey extranjero, aquellos que estaban ciegos por la ambición y la codicia diabólica no comprendían que esos temores y amenazas no les otorgaban ningún derecho. Los españoles, enviaron a otro par de tiranos, capitanes aún más crueles y feroces que él, a dos grandes y prósperos reinos de personas completamente poblados: el reino de Guatemala, situado junto al Mar del Sur, y el de Naco y Honduras o Guaimura, junto al Mar del Norte, ambos fronterizos, separados por unos trescientos leguas de distancia desde México. Uno de los tiranos fue enviado por tierra y el otro por mar, con una gran cantidad de soldados a caballo y a pie cada uno.

Es verdad que lo que ambos tiranos hicieron fue tan malvado (especialmente el que fue al reino de Guatemala, ya que el otro murió pronto), que se podría expresar y resumir tantas maldades, estragos, muertes y despoblaciones que asombrarían a los siglos presentes y futuros, y llenarían un gran libro, porque este superó a todos los anteriores y a los actuales, tanto en la cantidad y número de las abominaciones cometidas como en la destrucción de personas y la desolación de tierras, pues todas fueron incontables.

El que navegó por el mar causó grandes robos y disturbios en los pueblos costeros, algunos de los cuales lo recibieron con presentes en el reino de Yucatán, que se encontraba en su camino hacia el reino mencionado de Naco y Guaimura. Después de llegar allí, envió capitanes y una gran cantidad de gente por toda la región, saqueando, matando y destruyendo todos los pueblos y sus habitantes. Uno de estos capitanes, al frente de trescientos hombres, se adentró en la tierra en dirección a Guatemala, arrasando

y quemando todo a su paso, y robando y matando a las personas que encontraba. Con astucia, recorrieron más de ciento veinte leguas, dejando la tierra desolada y alzada para que, si alguien
los perseguía, encontrara la región despoblada y alzada, siendo
atacados por los indígenas en venganza por los daños causados.
Pocos días después, mataron al principal capitán que los envió, y
luego fueron sucedidos por muchos otros tiranos igualmente crueles, quienes asolaron las provincias y el reino de Naco y Honduras desde 1524 hasta 1535, con matanzas, crueldades, esclavitud
y destrucción.

Volviendo al tema del gran tirano capitán que fue a los reinos
de Guatemala, quien superó a todos los anteriores y se igualó con
los que existen en la actualidad, desde las provincias cercanas a
México hasta el reino de Guatemala, que según él mismo escribió en una carta al principal que lo envió, distaba cuatrocientas
leguas, cometió matanzas, robos, quemas y destrucción en todos
los lugares donde llegaba, bajo el pretexto mencionado anteriormente, instándolos a someterse a ellos, hombres tan inhumanos,
injustos y crueles, en nombre de un rey de España, desconocido
para ellos y a quien consideraban mucho más injusto y cruel que
ellos mismos. Casi tan pronto como llegaba el mensaje, procedían
a matar y quemar sobre ellos sin dejarles tiempo para deliberar.

DE LA PROVINCIA Y REINO DE GUATEMALA

Una vez llegó a ese reino, cometió una gran matanza de personas en su entrada. A pesar de esto, el principal señor de Utatlán
y otros líderes lo recibieron con ceremonias, trompetas y tambo-
res, ofreciéndole todo lo que tenían, especialmente comida abundante. Los españoles acamparon fuera de la ciudad esa noche por

precaución. Al día siguiente, convocó al principal señor y otros líderes, quienes acudieron sumisos como ovejas. Sin embargo, los apresó a todos y exigió que le entregaran una gran cantidad de oro. Al responder que no tenían oro porque la tierra no lo producía, ordenó que los quemaran vivos, sin juicio ni proceso alguno.

Después de presenciar la ejecución de los principales señores sólo porque no daban oro, los líderes de las provincias huyeron a los montes, instruyendo a su gente a ofrecerse a los españoles como siervos pero sin revelar su paradero. Muchos habitantes de la tierra se presentaron ante los españoles ofreciéndose como siervos. El piadoso capitán respondió que no los recibiría y amenazó con matarlos a todos si no delataban el paradero de sus líderes. Los indígenas decían que no sabían nada de ellos, pero que podían servirse de ellos, de sus mujeres y de sus hijos, y que los encontrarían en sus casas; allí los podían matar o hacer con ellos lo que quisieran. Esto lo dijeron, ofrecieron e hicieron los indígenas muchas veces. Y fue algo realmente sorprendente: los españoles iban a los pueblos donde encontraban a las pobres gentes trabajando en sus oficios, con sus mujeres e hijos viviendo tranquilamente, y allí los atacaban con lanzas y los hacían pedazos. Llegaron a un pueblo muy grande y poderoso (que estaba más desprevenido que otros, confiando en su inocencia), y los españoles entraron y en unas dos horas casi lo arrasaron, matando a espada a los niños, mujeres, ancianos y a todos los que no pudieron escapar huyendo.

Cuando los indígenas vieron que, con tanta humildad, ofrecimientos, paciencia y sufrimiento, no podían doblegar ni ablandar corazones tan inhumanos y crueles, y que, sin ninguna apariencia ni justificación razonable, los mataban sin piedad, entendieron que de cualquier manera iban a morir. Entonces, decidieron reunirse y organizarse todos para morir en la guerra, vengándose lo mejor que pudieran de esos enemigos tan crueles e infernales, aunque sabían bien que, siendo no solo desarmados, sino también desnudos, a pie y débiles, no podrían prevalecer contra gente tan feroz a caballo y tan bien armada, sino que al final serían destruidos.

Inventaron unos hoyos en medio de los caminos para que cayeran los caballos y se clavaran con unas estacas afiladas y quemadas al fuego, de las que los hoyos estaban llenos y que estaban cubiertos con césped y hierbas, de modo que no pareciera que había nada allí. Una o dos veces cayeron caballos en ellos, pero no más, porque los españoles aprendieron a evitarlos. Sin embargo, para vengarse, los españoles impusieron una ley: que todos los indígenas de cualquier tipo y edad que capturaran vivos los arrojarían en esos hoyos. Así, lanzaban a mujeres embarazadas, recién paridas, niños, ancianos y a todos los que podían capturar, llenando los hoyos con cuerpos atravesados por las estacas, lo cual era una gran lástima de ver, especialmente a las mujeres con sus hijos. A los demás los mataban con lanzas y cuchillos, o los echaban a los perros bravos que los despedazaban y devoraban. Y cuando capturaban a algún señor, por "honor" lo quemaban en llamas vivas. Estas carnicerías tan inhumanas duraron cerca de siete años: desde el año de 1524 hasta el año de 1530 o 1531. Júzguese cuánta gente pudieron haber consumido.

De las infinitas obras horribles que en este reino hizo este infeliz y desdichado tirano y sus hermanos (porque eran sus capitanes, no menos infelices e insensibles que él) junto con los demás que lo ayudaban, hubo una muy notable: fue en la provincia de Cuzcatán, donde ahora o cerca de allí está la villa de San Salvador, una tierra muy próspera que abarca toda la costa del Pacífico, extendiéndose cuarenta o cincuenta leguas. En la ciudad de Cuzcatán, que era la capital de la provincia, le hicieron un grandísimo recibimiento, y más de veinte o treinta mil indígenas lo estaban esperando, cargados de gallinas y comida. Una vez recibido el presente, ordenó que cada español tomara de entre ese gran número de personas a todos los indígenas que quisiera para servirse de ellos durante los días que estuvieran allí y que se encargaran de traerles lo que necesitaran. Cada uno tomó cien, cincuenta o los que creía suficientes para estar bien servido, y los inocentes indígenas aceptaron la división y servían con todas sus fuerzas, faltando solo adorarlos.

Mientras tanto, este capitán pidió a los señores que le trajeran mucho oro, porque para eso principalmente habían venido. Los indígenas respondieron que estaban dispuestos a darles todo el oro que tenían, y reunieron una gran cantidad de hachas de cobre dorado (que utilizaban), que parecían de oro porque contenían algo de oro. Ordenó hacer la prueba de toque, y al ver que era cobre, dijo a los españoles: "Que el diablo se lleve esta tierra. Vámonos, ya que no hay oro, y cada uno de los indígenas que tiene para que le sirvan, que los ponga en cadenas y mandaré marcarlos como esclavos". Así lo hicieron, y marcaron con el hierro del rey como esclavos a todos los que pudieron encadenar; yo vi al hijo del señor principal de esa ciudad marcado. Al ver los indígenas que se escaparon y los demás de toda la región tan gran maldad, comenzaron a reunirse y armarse.

Los españoles causaron grandes estragos y matanzas entre ellos y regresaron a Guatemala, donde construyeron una ciudad. Esa ciudad, por justo juicio divino, fue destruida por tres diluvios al mismo tiempo: uno de agua, otro de tierra, y otro de piedras más grandes que diez o veinte bueyes. Allí, muertos todos los señores y los hombres que podían hacer la guerra, pusieron a todos los demás en la mencionada servidumbre infernal. Además, les exigían esclavos como tributo y, al no tener otros esclavos, les entregaban a sus propios hijos e hijas. Los españoles enviaban barcos cargados con estos esclavos para venderlos en Perú. Junto con otras matanzas y estragos que hicieron, sin contar los mencionados, han destruido y arrasado un reino de más de cien leguas cuadradas, uno de los más prósperos en fertilidad y población que puede haber en el mundo.

Este mismo tirano escribió que era más poblado que el reino de México, y dijo la verdad: él y sus hermanos, junto con otros, han matado a más de cuatro o cinco millones de personas en quince o dieciséis años, desde el año de 1524 hasta 1540. Y hoy siguen matando y destruyendo a los que quedan, y así seguirán matando a los demás.

Este tirano tenía la siguiente costumbre: cuando iba a hacer la guerra contra algunos pueblos o provincias, llevaba consigo a todos los indígenas que podía de los que ya había sometido, para que lucharan contra los otros. Y como no alimentaba a los diez o veinte mil hombres que llevaba, les permitía que se comieran a los indígenas que capturaban. Así, en su campamento había una carnicería solemne de carne humana, donde, en su presencia, mataban a los niños y los asaban, y mataban a los hombres solo para comerse las manos y los pies, que consideraban los mejores bocados. Y con estas atrocidades, que todas las demás gentes de otras tierras escuchaban, no sabían dónde esconderse del terror.

Mató a innumerables personas al construir barcos: llevaba a los indios desde el mar del Norte hasta el del Sur, cargados con anclas de tres o cuatro quintales, cuyas uñas se les clavaban en la espalda y los lomos. De esta manera, transportó una gran cantidad de artillería en los hombros de los tristes desnudos, y vi a muchos cargados con artillería por los caminos angostos. Despreciaba y deshonraba a los hombres casados, tomando a sus mujeres e hijas y dándoselas a los marineros y soldados para mantenerlos contentos y llevarlos en sus expediciones. Llenaba los barcos de indios, donde todos perecían de sed y hambre. Y es cierto que si tuviera que enumerar todas sus crueldades, escribiría un libro tan impactante que asombraría al mundo. Llevó a cabo dos expediciones con muchas embarcaciones cada una, con las cuales arrasó esas tierras como si fueran consumidas por el fuego del cielo. ¡Oh, cuántos huérfanos creó, cuántos privó de sus hijos, cuántos privó de sus mujeres, cuántas mujeres dejó sin maridos, de cuántos adulterios y estupros y violencias fue causa, cuántos privó de su libertad, cuántas angustias y calamidades padecieron muchas gentes por él, cuántas lágrimas hizo derramar, cuántos suspiros, cuántos gemidos, cuántas soledades en esta vida, y de cuántos condena eterna en la otra causó: no sólo de indios, que fueron infinitos, pero de los infelices cristianos de cuyo consorcio se favoreció, en tan grandes insultos, gravísimos pecados y abominaciones tan execrables. Y ruego a Dios que haya tenido misericordia de él y se contente con tan mala fin como al cabo le dio.

DE LA NUEVA ESPAÑA, PÁNUCO Y JALISCO[6]

Después de las grandes crueldades y masacres ya mencionadas, y otras no descritas, en las provincias de la Nueva España y Pánuco, en el año de 1525 surgió en Pánuco otro tirano insensible y cruel, que, esclavizando y marcando a un gran número de personas con las mismas prácticas ya mencionadas, siendo todos

---

6   Territorios que incluyen la práctica totalidad del actual México y las zonas colindantes al Golfo de México que hoy forman parte de los Estados Unidos de América.

hombres libres, cargó muchos barcos con esclavos y los envió a las islas de Cuba y La Española, donde podía venderlos mejor, dejando devastada toda la provincia. Se intercambiaban ochenta indígenas por una yegua, seres humanos con alma racional.

Después fue designado para gobernar la ciudad de México y toda la Nueva España, con otros grandes tiranos como jueces, y él como presidente. Cometieron tanto mal, tantos pecados, crueldades, robos y abominaciones que parecen increíbles. Dejaron la tierra en una situación tan desesperada que, si Dios no hubiera intervenido con la resistencia de los franciscanos y la instalación de una nueva Real Audiencia, en dos años habrían dejado la Nueva España como la isla La Española. Un miembro de su grupo obligó a ocho mil indígenas a trabajar para construir un enorme muro alrededor de su jardín sin pagarles nada ni darles de comer. Morían de hambre, y él no se inmutaba.

Al enterarse el principal de ellos, el que devastó Pánuco, de que venía una nueva Audiencia justa, decidió internarse en el interior para encontrar nuevas tierras que tiranizar. Sacó a la fuerza de la provincia de México entre quince y veinte mil hombres para que llevaran su equipaje y el de los españoles que lo acompañaban. De esos, apenas regresaron doscientos, pues murieron casi todos. Llegó a la provincia de Michoacán, a cuarenta leguas de México, tan próspera y poblada como México. El rey local, con una multitud de personas, salió a recibirlo en procesión y le ofreció mil servicios y regalos. Pero el tirano lo arrestó porque tenía fama de ser rico en oro y plata. Para que le diera sus tesoros, el tirano lo torturó poniendo sus pies en un cepo, extendiendo su cuerpo y atando sus manos a un madero. Colocaron un brasero junto a sus pies, y un muchacho los rociaba con aceite para quemar su piel. Un hombre apuntaba una ballesta a su corazón, otro amenazaba con un perro feroz. Así lo torturaron para que revelara sus tesoros hasta que un fraile franciscano intervino y lo liberó, pero al final murió a causa de las torturas. De la misma manera, torturaron y mataron a muchos caciques para que entregaran oro y plata.

Un tirano que llegó como inspector encontró que algunos indígenas tenían escondidos sus ídolos, ya que nunca se les enseñó sobre un Dios mejor. Los arrestó hasta que le entregaron los ídolos, pensando que eran de oro o plata, y los castigó cruel e injustamente. Como no logró obtener nada de valor, obligó a los caciques a comprárselos con el oro o la plata que pudieron encontrar. Los compraron para adorarlos como antes, como si fueran dioses. Estas son las acciones y ejemplos de los desafortunados españoles en las Indias.

Este tirano pasó de Michoacán a la provincia de Jalisco, que estaba tan densamente poblada como un panal de abejas. Había un pueblo que casi se extendía siete leguas. Cuando entró, los señores y la gente lo recibieron con regalos y alegría. Pero comenzó a cometer las mismas crueldades y maldades de siempre para conseguir oro. Quemaba pueblos, arrestaba a caciques, los torturaba, esclavizaba a todos. Llevaba a muchos atados en cadenas. Las mujeres recién paridas, llevando cargas para los cristianos, no podían cargar a sus bebés y los abandonaban, donde morían en los caminos. Un hombre intentó forzar a una joven, pero la madre intervino para protegerla. El agresor le cortó una mano a la madre con un cuchillo y mató a la joven porque no cedió.

Este tirano marcó como esclavos a 4.500 hombres, mujeres y niños, incluso bebés, sin importarles que todos fueran personas libres.

Tras sus guerras crueles e infernales, impuso una esclavitud tiránica en toda esa tierra. Su mayordomo mató a muchos indígenas ahorcándolos, quemándolos vivos, lanzándolos a perros, y cortándoles pies, manos, cabezas y lenguas. Los indígenas estaban en paz, pero los amedrentaron para que sirvieran y pagaran tributos. El tirano lo sabía todo y permitía estas crueldades.

Se dice que destruyó y quemó ochocientos pueblos en Jalisco. Esto provocó que muchos indígenas, desesperados, huyeran a las montañas y mataran a algunos españoles. Más tarde, otros tiranos cometieron más injusticias y agravios al explorar nuevas tierras. Los indígenas se agruparon en fortalezas en montañas donde nuevamente sufrieron tantas crueldades que casi lograron despoblar toda esa región, matando a muchos. Estos tristes tiranos no reconocen que los indígenas tienen todas las razones para resistirlos, y en su ceguera piensan que Dios está de su lado, glorificándose por sus crueldades, como aquellos tiranos que menciona el profeta Zacarías en el capítulo 11: "Alimenta a las ovejas destinadas al matadero. Los que las mataban no tenían compasión, sino que decían: 'Bendito sea Dios, pues nos hemos hecho ricos'".

DEL REINO DE YUCATÁN

En 1526, otro hombre desafortunado fue nombrado gobernador del reino de Yucatán por las mentiras y promesas que hizo al rey, tal como han hecho otros tiranos hasta ahora para obtener cargos que les permitan robar. Este reino de Yucatán estaba lleno de gente porque es una tierra muy saludable y rica en alimentos y frutas, incluso más que México. Abunda en miel y cera más que cualquier otra parte de las Indias que se haya visto hasta ahora. El reino tiene unas trescientas leguas de circunferencia. Su gente era notable entre todas las de las Indias en prudencia y buenas costumbres, y carecía de vicios y pecados en comparación con otras regiones. Era una tierra ideal para llevar a la gente al conocimiento de Dios, y donde se podrían haber fundado grandes ciudades españolas, viviendo como en un paraíso terrenal. Pero los españoles no eran dignos de ello por su codicia, insensibilidad y grandes pecados.

Este tirano, con trescientos hombres que llevó consigo, comenzó a hacer guerras crueles contra esas buenas e inocentes gentes que estaban en sus casas sin ofender a nadie, matando y devastando a un gran número de personas. Como la tierra no tenía oro (pues si lo hubiera tenido, los habría agotado en las minas), decidió hacer oro a partir de los cuerpos y almas de aquellos por quienes Jesucristo murió. Convirtió en esclavos a todos los que no mataba. Enviaba barcos llenos de personas que vendía por vino, aceite, vinagre, tocino, ropa y caballos, según su juicio. Permitía que cada hombre eligiera entre cincuenta y cien jóvenes, todas más atractivas que la anterior, por una arroba de vino, aceite o vinagre, o por un trozo de tocino, y lo mismo para un niño. Llegó a dar un niño que parecía hijo de un príncipe por un queso, y cien personas por un caballo. Estas fechorías duraron desde 1526 hasta 1533, durante siete años, en los que devastó y despobló esas tierras, matando sin piedad. Cuando escucharon sobre las riquezas de Perú, los españoles que tenía a su cargo lo abandonaron y por un tiempo cesaron las atrocidades. Sin embargo, sus seguidores regresaron más tarde para cometer robos, capturas y graves ofensas contra Dios, y hoy no han cesado, dejando casi despobladas esas trescientas leguas.

Nadie podría creer o describir las crueldades particulares que se cometieron. Solo mencionaré dos o tres ejemplos. Mientras los españoles merodeaban con perros feroces, cazando indígenas, una mujer enferma, al ver que no podía escapar, ató a su pie a un niño de un año y se ahorcó. No lo hizo tan rápido como para evitar que los perros llegaran y destrozaran al niño, pero antes de morir, un fraile lo bautizó.

Cuando los españoles se estaban yendo, uno le dijo a un niño de un pueblo que se fuera con él. El niño respondió que no quería abandonar su tierra. El español le contestó: "Ven conmigo, o te cortaré las orejas". El niño insistió en que no. El español sacó un cuchillo y le cortó una oreja, luego la otra. Después le cortó la nariz, riéndose como si solo le hubiera dado un tirón. Este hombre alardeaba descaradamente ante un fraile, diciendo que intentaba embarazar a tantas mujeres indígenas como pudiera, para luego venderlas embarazadas y obtener más dinero.

En este reino, o en una provincia de la Nueva España, un español estaba cazando ciervos o conejos con sus perros. No pudo cazar nada, así que tomó a un niño pequeño de su madre y con un cuchillo le cortó los brazos y piernas en pedazos, dándole a cada perro su parte. Después, arrojó el cuerpo a los perros para que lo devoraran. Véase aquí cuánta es la insensibilidad de los españoles en aquellas tierras y cómo los ha traído Dios *in reprobum sensum*[7] y en qué estima tienen a aquellas gentes criadas a la imagen de Dios y redimidas por su sangre. Pues peores cosas veremos abajo.

Dejando de lado las crueldades innumerables e inauditas cometidas por aquellos que se llamaban cristianos en este reino,

---

7   La expresión latina *in reprobum sensum* se traduce como "en una mente reprobada" o "en un sentido reprobado". Esta frase proviene de la Biblia, específicamente de la Epístola a los Romanos 1:28, donde se usa para describir a aquellas personas que han sido entregadas a una mente corrompida o desviada debido a su rechazo de Dios y la verdad.

En un contexto más amplio, *in reprobum sensum* se refiere a una situación en la que una persona ha caído en un estado de moralidad o juicio pervertido, incapaz de discernir lo correcto de lo incorrecto, como resultado de su persistente rechazo de lo bueno o verdadero. Es una expresión que denota una pérdida de integridad moral y la aceptación de valores degradados.

solo concluiré con esto: cuando todos los tiranos se fueron a Perú, el padre fray Jacobo y cuatro frailes franciscanos decidieron ir a Yucatán a apaciguar, predicar y llevar a Jesucristo a los pocos que quedaron después de las masacres. Estos frailes llegaron en 1534, enviando mensajeros indígenas desde México para preguntar si aceptaban que los frailes entraran en sus tierras para darles a conocer al único Dios verdadero. Los indígenas celebraron asambleas, recopilando información sobre estos frailes y cómo se diferenciaban de los españoles. Finalmente, acordaron aceptarlos, siempre que no trajeran a más españoles. Los frailes prometieron que solo ellos entrarían, lo cual fue autorizado por el virrey de Nueva España. Predicaron el evangelio de Cristo y la intención de los reyes de España. Los indígenas se sintieron tan contentos con la doctrina y el ejemplo de los frailes, así como con las noticias de los reyes de Castilla (sobre quienes nunca habían oído hablar, ya que los españoles nunca mencionaron otro rey más que aquel que los tiranizaba), que al cabo de cuarenta días trajeron todos sus ídolos para que los quemaran. Además, entregaron a sus hijos para que fueran educados, construyeron iglesias, templos y casas, e invitaron a los frailes de otras provincias para que predicaran y les hablaran de Dios y del gran rey de Castilla.

Convencidos por los frailes, los señores de la tierra hicieron algo nunca antes visto en las Indias: doce o quince señores, cada uno con muchos vasallos, reunieron a sus pueblos y, por voluntad propia, se sometieron al reino de Castilla, aceptando al Emperador como su rey supremo y universal. Firmaron ciertos documentos, que tengo en mi poder junto con el testimonio de los frailes.

Mientras los frailes avanzaban en su predicación, llenos de alegría y esperanza, dieciocho españoles a caballo y doce a pie, en total treinta, entraron por otra parte con muchas cargas de ídolos que habían tomado de otras provincias. El capitán de los españoles llamó a un señor local y le dijo que distribuyera esos ídolos por su tierra, vendiendo cada ídolo por un indígena, amenazando con guerra si no cumplía. El cacique, por miedo, distribuyó los ídolos, ordenando a sus vasallos que los aceptaran y entregaran indígenas a los españoles. Los indígenas, asustados, daban a sus hijos para cumplir con este comercio sacrílego y satisfacer a los españoles.

Uno de estos ladrones impíos, Juan García, mientras estaba enfermo y a punto de morir, tenía bajo su cama dos cargas de ídolos. Ordenaba a una indígena que no intercambiara esos ídolos por gallinas, sino solo por esclavos, ya que valían mucho más. Finalmente, con este "testamento", murió.

Ahora consideremos cuál es el propósito de los españoles en las Indias: qué honor buscan para Dios, cómo trabajan para que sea conocido y adorado por esas personas, y qué cuidado tienen de que su santa fe crezca y se extienda. Los españoles han vendido y siguen vendiendo a Jesucristo por su codicia de oro.

Cuando los indígenas se dieron cuenta de que no era verdad lo que los frailes prometieron (que no entrarían más españoles), y que los españoles traían ídolos de otras tierras para vender, se indignaron contra los frailes y les dijeron: "¿Por qué nos mintieron diciendo que no entrarían más cristianos? ¿Por qué quemaron nuestros dioses si traen otros ídolos para vender? ¿No eran mejores nuestros dioses que los de otras naciones?". Los frailes los apaciguaron lo mejor que pudieron. Buscaron a los treinta españoles y les pidieron que se fueran. No quisieron, sino que incluso dijeron a los indígenas que los frailes los habían llamado allí. Finalmente, los indígenas decidieron matar a los frailes, pero estos huyeron una noche gracias a la advertencia de algunos indígenas. Después, los indígenas comprendieron la inocencia de los frailes y la maldad de los españoles, y enviaron mensajeros para pedirles perdón y que regresaran. Los frailes, como siervos de Dios, volvieron a la tierra y fueron recibidos como ángeles.

Sin embargo, como los españoles nunca quisieron irse y el virrey no pudo sacarlos, los frailes decidieron abandonar el reino, quedando sin el apoyo de la doctrina. Así, esas almas quedaron sumidas en la ignorancia y la miseria, quitándoles al mismo tiempo el remedio y regadío de la noticia y conocimiento de Dios, que iban ya tomando avidísimamente, como si quitásemos el agua a las plantas recién puestas de pocos días. Y esto por la inexpiable culpa y maldad consumada de aquellos españoles.

DE LA PROVINCIA DE SANTA MARTA

La provincia de Santa Marta era una tierra donde los indígenas tenían mucho oro, ya que la región era rica y las zonas circundantes también lo eran. Tenían técnicas para extraerlo, lo que desde 1498 hasta hoy, en 1542, ha atraído a numerosos tiranos españoles, quienes llegaban con barcos para atacar, matar y robar a la población, despojándolos de su oro. Se retiraban en esos barcos tras múltiples incursiones, durante las cuales cometieron grandes atrocidades y masacres, principalmente a lo largo de la costa y algunas leguas hacia el interior. Esto continuó hasta 1523.

En 1523, un grupo de tiranos españoles decidió asentarse allí. Debido a la riqueza de la región, se sucedieron diferentes capitanes, cada uno más cruel que el anterior, como si compitieran para ver quién podía superar las atrocidades de sus predecesores.

En 1529, llegó un gran tirano con una gran cantidad de gente, sin temor a Dios ni compasión por la humanidad. Cometió tal cantidad de atrocidades, masacres e impiedades que superó a todos sus predecesores, robando muchos tesoros durante los seis o siete años que vivió. Después de su muerte, sin confesión y huyendo de su responsabilidad, otros tiranos asesinos y ladrones llegaron para acabar con los pocos sobrevivientes que quedaron. Se extendieron hacia el interior, devastando muchas provincias y esclavizando a la población. Torturaron a los señores y a sus vasallos para que les revelaran dónde estaba el oro y quién lo tenía, superando a sus predecesores en brutalidad. Desde 1529 hasta hoy, han despoblado más de cuatrocientas leguas de tierra.

En verdad digo que, si tuviera que enumerar cada maldad, matanza, despoblación, injusticia, violencia, estrago y pecado cometidos por los españoles contra Dios, el Rey y las inocentes naciones en este reino de Santa Marta, sería una historia demasiado larga. Quieren guardar los detalles para otro momento, si Dios les da la vida. Aquí, solo citaré algunas palabras del obispo de la provincia, quien escribió al rey el 20 de mayo de 1541:

«Digo, sagrado César, que el remedio para esta tierra es que Vuestra Majestad la saque ya de poder de padrastros y le dé un esposo que la trate como es debido y como merece, y esto con toda brevedad, porque de lo contrario, al ritmo al que estos tiranos la están agotando y oprimiendo, estoy seguro de que muy pronto dejará de existir, etc.».

Más adelante añade:

«Vuestra Majestad verá claramente cómo los gobernantes de estas tierras deberían ser removidos para que las repúblicas puedan aliviarse. Si no se hace, no hay cura para sus males. También verá que no hay cristianos aquí, solo demonios, ni hay servidores de Dios ni del Rey, sino traidores a su ley y a su Rey, porque el mayor obstáculo para llevar a los indígenas de la guerra a la paz y a los pacíficos al conocimiento de nuestra fe es el trato cruel que reciben de los cristianos. Por eso, están tan temerosos que odian el nombre de cristianos. Los llaman *yares* en su idioma, lo que significa demonios. Tienen razón, porque las acciones de los cristianos aquí no son de personas con razón, sino de demonios. Ven esta crueldad tanto en los líderes como en sus seguidores, y piensan que es parte de la ley de los cristianos, que su dios y rey lo autorizan. Tratar de persuadirles lo contrario es como intentar vaciar el mar. Los indígenas creen que es mejor morir una vez que morir muchas veces en manos de los españoles. Lo sé por experiencia, etc.».

En otro párrafo, el obispo afirma:

«Vuestra Majestad tiene más servidores de los que cree, porque no hay soldado aquí que no afirme públicamente que si saquea, roba, destruye, mata o quema a los vasallos de Vuestra Majestad por el oro, está sirviendo al rey porque cree que parte de esa riqueza llegará al rey. Así que, cristianísimo César, Vuestra Majestad debería castigar a algunos severamente para demostrar que no recibe servicio en lo que desagrada a Dios».

Estas palabras del obispo de Santa Marta muestran claramente lo que sucede en esas desdichadas tierras contra esas inocentes gentes. Los indígenas "de guerra" son aquellos que han escapado de las masacres de los infelices españoles escondiéndose en las montañas. Los "de paz" son aquellos que, tras la muerte de muchos, han sido sometidos a la tiránica servidumbre, y finalmente son exterminados.

Cuando los indígenas llevan cargas por las montañas, y caen por debilidad o cansancio, los españoles los patean, les rompen los dientes con las empuñaduras de sus espadas, y los golpean con palos. Los indígenas, angustiados, dicen: «Andad, que sois malos; no puedo más; mátame aquí, porque quiero morir aquí».

Lo dicen con gran angustia y dolor. ¡Oh, quién pudiera transmitir una centésima parte de las aflicciones que sufren estas personas inocentes a manos de los infelices españoles. Que Dios lo dé a entender a aquellos que pueden y deben remediarlo!

DE LA PROVINCIA DE CARTAGENA[8]

La provincia de Cartagena está a cincuenta leguas al suroeste de la provincia de Santa Marta, y junto a ella se encuentra la del Cenú, que se extiende hasta el golfo de Urabá, con aproximadamente cien leguas de costa marítima y una amplia extensión de territorio hacia el interior, en dirección sur. Desde 1498 o 1499 hasta la actualidad, estas provincias han sido atacadas, devastadas, despobladas y arrasadas de manera similar a Santa Marta. Los españoles han perpetrado en ellas numerosas crueldades, asesinatos y robos. Para no extenderme demasiado en esta breve descripción, no enumeraré cada atrocidad cometida en estas tierras, sino que me centraré en las maldades que se cometen en otras regiones en la actualidad.

DE LA COSTA DE LAS PERLAS, PARIA Y LA ISLA DE TRINIDAD[9]

Desde la costa de Paria hasta el golfo de Venezuela, una extensión de aproximadamente doscientas leguas, los españoles han causado destrucción entre la población local, capturando a la

---

8   Actualmente en Colombia.

9   Extensión que cubre desde el Golfo de Panamá hasta el extremo oriental del Golfo de Venezuela.

mayoría para venderlos como esclavos. Han hecho esto traicionando la confianza de los indígenas, quienes les brindaban hospitalidad, recibiéndolos en sus hogares como si fueran padres o hijos, y compartiendo todo lo que tenían. Es difícil describir las injusticias, agravios y abusos que las gentes de esta costa han sufrido desde 1.510 hasta la fecha. Aquí describiré dos o tres casos para ilustrar los incontables horrores y fealdades que han ocurrido, todos merecedores de castigo.

En la isla de la Trinidad, que es mucho mayor que Sicilia[10] y más próspera, conectada con la tierra firme por la parte de Paria, y cuya gente es de las más buenas y virtuosas, en su forma, de todas las Indias, un saqueador llegó en el año de mil quinientos dieciséis con otros sesenta o setenta ladrones acostumbrados. Anunciaron a los indígenas que venían a vivir y establecerse en esa isla con ellos. Los indígenas los recibieron como si fueran parte de su familia, sirviéndoles tanto señores como súbditos con gran afecto y alegría, trayéndoles tanta comida cada día que les sobraba para alimentar a otros tantos. Esta es la naturaleza común y la generosidad de todos los indígenas de ese Nuevo Mundo: dar en exceso lo que los españoles necesitan y todo lo que tienen. Les construyeron una gran casa de madera para que todos vivieran juntos, porque así lo quisieron los españoles: que fuera solo una casa, para hacer lo que pretendían hacer e hicieron. Cuando estaban colocando el techo de paja sobre las vigas o madera y habían cubierto una parte de unos dos metros de altura, para que los de dentro no vieran a los de fuera, con el pretexto de apresurar la construcción de la casa, metieron a mucha gente dentro y los españoles se repartieron: algunos se quedaron

---

10 En realidad, Sicilia es cinco veces mayor.

fuera alrededor de la casa con sus armas, para los que intentaran salir, y otros dentro. Los que estaban dentro desenvainaron sus espadas y empezaron a amenazar a los indígenas desnudos para que no se movieran; de lo contrario, los matarían. Comenzaron a atarlos, y a los que intentaron escapar los cortaron en pedazos con las espadas. Algunos que lograron salir, heridos o ilesos, y otros del pueblo que no habían entrado, tomaron sus arcos y flechas y se refugiaron en otra casa del pueblo para defenderse, donde se reunieron entre cien o doscientos de ellos. Mientras defendían la puerta, los españoles prendieron fuego a la casa y los quemaron a todos vivos. Con su captura, que fue de unos ciento ochenta o doscientos hombres que pudieron atar, se dirigieron a su barco, izaron las velas y se dirigieron a la isla de San Juan, donde vendieron a la mitad como esclavos, y luego a la Española, donde vendieron a la otra mitad. Reprendiéndole yo al capitán por esta insigne traición y maldad, en ese momento en la misma isla de San Juan, me respondió: "Ande, señor, que así me lo ordenaron y me lo dieron por instrucción quienes me enviaron, que si no podía capturarlos por la guerra, los capturara mediante engaños". Y, en verdad, me dijo que en toda su vida no había encontrado un padre ni una madre como en la isla de la Trinidad, por las buenas acciones que los indígenas le habían hecho. Esto lo dijo para mayor vergüenza suya y agravio de sus pecados. De estas acciones han hecho infinitas en esa tierra firme, capturándolos y esclavizándolos con engaños. Véase qué tipo de acciones son estas y si aquellos indígenas, tomados así, serán justamente convertidos en esclavos.

En otra ocasión, los frailes de la orden de Santo Domingo, nuestra orden, decidieron ir a predicar y convertir a aquellas gentes que carecían de guía y luz de doctrina para salvar sus almas, como lo están hoy las Indias. Enviaron a un religioso con grado en teología, de gran virtud y santidad, junto con un fraile lego como su compañero, para que conociera la tierra, tratara a la gente y buscara un lugar adecuado para establecer monasterios. Cuando llegaron los religiosos, los indígenas los recibieron como a ángeles del cielo y los escucharon con gran afecto, atención y alegría, las palabras que pudieron transmitirles, más a través de señas que de palabras, ya que no conocían la lengua. Sucedió que llegó un barco después de que se fue el que los había dejado allí, y los españoles a bordo, siguiendo su costumbre infernal, engañaron al señor de esa tierra, que se llamaba don Alonso (nombre que los frailes u otros españoles le habrían puesto, porque los indígenas son amigos y deseosos de tener un nombre cristiano, y lo piden inmediatamente, incluso antes de saber nada sobre ser bautizados). Engañaron al mencionado don Alonso para que subiera al barco con su esposa y otras personas, diciéndoles que allá les harían una fiesta. Finalmente, subieron diecisiete personas con el señor y su esposa, confiando en que los religiosos estaban en su tierra y que los españoles, por respeto a ellos, no harían ninguna maldad. De otro modo, no habrían confiado en ellos. Una vez que los indígenas subieron al barco, los traidores izaron las velas y se dirigieron a la isla Española, donde los vendieron como esclavos. Toda la comunidad, al ver que su señor y señora habían sido llevados, acudió a los frailes y quisieron matarlos. Los frailes, viendo semejante maldad, se sentían morir de angustia. Es de creer que habrían dado sus vidas antes que permitir tal injusticia, especialmente porque esto sería un obstáculo para que esas almas pudieran escuchar y creer la palabra de Dios. Los frailes los calmaron lo mejor que pudieron y les dijeron que, con el primer barco que pasara, escribirían a la isla Española para pedir que devolvieran a su señor y a los demás que estaban con él. Por la providencia de Dios, pronto pasó un barco, lo que sirvió para confirmar aún más la condenación de los que gobernaban, y escribieron a los religiosos en la Española sobre el peligro en que se encontraban y les pidieron que se esforzaran en remediarlo. Los frailes fueron a la Audiencia Real y suplicaron, reclamaron, protestaron una y muchas veces; pero los jueces nunca quisieron hacer justicia, porque entre ellos mismos tenían repartidos a algunos de los indígenas que los tiranos habían capturado de manera tan injusta y cruel. Los dos religiosos, que habían prometido a los indígenas de esa tierra que en cuatro meses volvería su señor don Alonso con los demás, al ver que ni en cuatro ni en ocho meses regresaban, se prepararon para morir y dar la vida, tal como la habían ofrecido antes de partir. Así, los indígenas tomaron venganza contra ellos, matándolos justamente (aunque fueran inocentes), porque creían que ellos habían sido la causa de esa traición, al ver que no se cumplió lo que les habían asegurado dentro de esos cuatro meses. Además, hasta ese momento, ni siquiera hasta ahora, no sabían ni saben que hay diferencia entre los frailes y los tiranos, ladrones y saqueadores españoles en toda esa tierra. Los bienaventurados frailes sufrieron injustamente, y por esta injusticia no cabe duda, según nuestra santa fe, de que son verdaderos mártires y hoy reinan con Dios en los cielos, bienaventurados. Pues fueron enviados allí por obediencia y tenían la intención de predicar, expandir la santa fe, salvar todas esas almas y soportar cualquier trabajo o muerte que se les presentara por Jesucristo crucificado.

Otra vez, debido a las grandes tiranías y acciones atroces de los malos cristianos, los indígenas mataron a otros dos frailes de Santo Domingo y a uno de San Francisco. Soy testigo de esto porque escapé de la misma muerte por un milagro divino. Hay mucho que contar sobre esto que podría espantar a los hombres, debido a la gravedad y a lo horripilante del caso, pero por ser largo no quiero contarlo aquí hasta su debido tiempo. El día del Juicio será más claro, cuando Dios tome venganza por tan horribles y abominables abusos que cometen en las Indias aquellos que se llaman cristianos.

Otra vez, en estas provincias, al final de lo que llaman la Codera, había un pueblo cuyo señor se llamaba Higoroto, ya sea como nombre propio de la persona o nombre común de los señores de allí. Este era tan bueno, y su gente tan virtuosa, que todos los españoles que pasaban por allí en los barcos encontraban refugio, comida, descanso y todo tipo de consuelo y alivio. A muchos los salvó de la muerte cuando llegaban huyendo de otras provincias, donde habían saqueado y cometido muchas tiranías y males, muertos de hambre; los ayudaba y los enviaba sanos y salvos a la isla de las Perlas, donde había una población de cristianos. Los podría haber matado sin que nadie lo supiera, pero no lo hizo; y, finalmente, todos los cristianos llamaban a ese pueblo de Higoroto "el mesón y casa de todos".

Un desdichado tirano decidió atacar allí, aprovechando que esas gentes estaban tan confiadas, y fue con un barco e invitó a mucha gente a subir al barco como solían hacer, confiando en otros. Cuando subieron muchos hombres, mujeres y niños, izó las velas y se dirigió a la isla de San Juan, donde los vendió a todos como esclavos. Yo llegué entonces a la mencionada isla, vi al tirano y supe allí lo que había hecho. Dejó destruido todo ese pueblo, y a todos los tiranos españoles que robaban y saqueaban por esa costa les molestó y abominaron este hecho tan espantoso, porque habían perdido el refugio y el "mesón" que tenían allí, como si estuvieran en sus propias casas.

Digo que dejo de mencionar inmensas maldades y casos espantosos que de esta manera se han hecho y que, hoy en día, todavía se siguen haciendo en esas tierras. Han traído a la isla Española y a la de San Juan, desde toda aquella costa que estaba muy poblada, más de doscientos mil almas capturadas, a las que también han matado en dichas islas al arrojarlas a las minas y otros trabajos, además de las multitudes que, como decimos antes, había en ellas. Y es un gran dolor y desgarro del corazón ver toda esa costa, una tierra tan próspera, completamente desierta y despoblada. Es una verdad comprobada que nunca traen un barco cargado de indígenas, robados y capturados como he dicho, sin que arrojen al mar muertos a la tercera parte de los que suben a bordo, sin contar a los que matan cuando los capturan en sus tierras. La causa es que, para obtener mayores ganancias, necesitan mucha gente para vender como esclavos, pero no llevan suficiente comida ni agua, solo un poco más de lo necesario para los españoles que van en el barco a saquear. Y así, no queda suficiente para los pobres cautivos, por lo que mueren de hambre y sed, y el remedio que encuentran es arrojarlos al mar. En verdad, me dijo uno de ellos que, desde las islas de los Lucayos, donde se hicieron grandes estragos de esta manera, hasta la isla Española, que son sesenta o setenta leguas, un barco podría navegar sin brújula ni carta de navegación, guiándose solo por el rastro de los indígenas que quedaban en el mar, arrojados muertos desde el barco. Después, cuando los desembarcan en la isla donde los llevan a vender, es algo que rompe el corazón de cualquiera que tenga algún indicio de piedad: verlos desnudos y hambrientos, cayéndose de debilidad, niños, ancianos, hombres y mujeres. Luego, como si fueran corderos, separan a los padres de los hijos y a las mujeres de los maridos, formando grupos de diez o veinte personas. Entonces, echan suertes sobre ellos para repartir sus partes entre los infelices "armadores", que son los que ponen dinero para financiar la flota de dos o tres barcos, y los tiranos saqueadores que van a capturarlos y robarlos en sus hogares. Y cuando la suerte cae sobre un grupo donde hay algún anciano o enfermo, el tirano que recibe ese grupo dice: "Este viejo, que se lo lleve el diablo, ¿para qué me lo dais, para que lo entierre? ¿Y a este enfermo, para qué tengo que llevármelo, para curarlo?" Véase aquí cómo los españoles valoran a los indígenas y si cumplen con el mandato divino del amor al prójimo, del que depende la Ley y los Profetas.

La tiranía que los españoles ejercen sobre los indígenas en la extracción o pesca de perlas es una de las cosas más crueles y condenables que pueden existir en el mundo. No hay vida en este mundo tan infernal y desesperada que se pueda comparar con esta, aunque la de sacar oro en las minas también sea, en su estilo, extremadamente grave y terrible. Los sumergen en el mar a profundidades de tres, cuatro y cinco brazas; desde la mañana hasta que se pone el sol, están siempre bajo el agua, nadando sin poder respirar, arrancando las ostras donde se crían las perlas. Salen a la superficie con unas redecillas llenas, para tomar aire, donde hay un verdugo español en una canoa o barquillo, y si se tardan en descansar, les da puñetazos y los tira al agua por los cabellos para que vuelvan a pescar. La comida que les dan es pescado, del pescado que contienen las ostras perleras, y pan cazabí y algo de maíz (que son los panes de esas tierras), uno de muy poca sustancia y el otro muy laborioso de hacer, y nunca se sacian. Las camas que les dan por la noche son unas prisiones en el suelo para que no se escapen. Muchas veces, se sumergen en el mar para pescar perlas y nunca regresan, porque los tiburones y marrajos, que son dos tipos de bestias marinas muy feroces que pueden tragarse a un hombre entero, los atacan y los matan. Veamos aquí si los españoles que trabajan en esta actividad perlera cumplen con los mandamientos divinos del amor a Dios y al prójimo, al poner en peligro la vida temporal y también el alma de sus semejantes, ya que mueren sin fe y sin sacramentos, por su propia codicia. Además, les dan una vida tan horrible hasta que los destruyen y consumen en pocos días, porque es imposible que los seres humanos vivan mucho tiempo bajo el agua sin respirar; especialmente porque el frío constante del agua los penetra, y así todos comúnmente mueren de hemorragias por la boca debido a la presión en el pecho por estar tanto tiempo sin respirar, y de disentería causada por el frío. Sus cabellos, que naturalmente son negros, se convierten en pelos quemados como los de lobos marinos, y les sale salitre por la espalda, pareciendo monstruos más que seres humanos. En este trabajo insoportable, o mejor dicho, en este ejercicio infernal, terminaron de consumir a todos los indígenas lucayos que había en las islas cuando los españoles se dedicaron a esta actividad; cada uno valía cincuenta o cien castellanos, y los vendían públicamente, a pesar de estar prohibido incluso por las mismas autoridades (aunque injustas por otras razones), porque los lucayos eran grandes nadadores. También han muerto allí muchísimos más, sin número, de otras provincias y lugares.

DEL RÍO YUYAPARI[11]

En la provincia de Paria, un río llamado Yuyapari se extiende más de doscientas leguas hacia el interior. En 1529, un cruel tirano ascendió el río con más de cuatrocientos hombres, causando

---

11 El río Yuyapari se encuentra en Venezuela, específicamente en el estado de Amazonas, al sur del país. Es un afluente del río Casiquiare, que a su vez conecta el río Orinoco con el río Negro, un importante afluente del Amazonas.

grandes matanzas, quemando vivos y asesinando a numerosos inocentes que vivían en paz en sus tierras y hogares, sin hacer daño a nadie. Dejó una vasta extensión de tierra devastada, quemada y aterrorizada. Finalmente, el tirano murió de una mala muerte, su expedición se desmoronó, pero otros tiranos lo sucedieron en la violencia, y hasta el día de hoy siguen destruyendo, matando y condenando las almas que el Hijo de Dios redimió con su sangre.

DEL REINO DE VENEZUELA

En el año 1526, con engaños y persuasiones dañinas que se hicieron al rey nuestro señor, como siempre se ha intentado ocultarle la verdad de los daños y pérdidas que Dios, las almas y su estado sufrían en esas Indias, dio y concedió un gran reino mucho mayor que toda España, que es el de Venezuela, con la gobernación y jurisdicción total, a los mercaderes de Alemania, bajo cierta capitulación y acuerdo que se hizo con ellos.

Éstos, al entrar con trescientos hombres o más en esas tierras, encontraron a esas gentes como mansísimas ovejas, incluso más que los demás las solían encontrar en todas las partes de las Indias, antes de que los españoles les hicieran daño. Entraron en ellas de manera, creo, incomparablemente más cruel que cualquiera de los otros tiranos que hemos mencionado, y más irracional y ferozmente que los tigres más crueles y los lobos y leones más rabiosos. Esto fue porque, con una mayor ansia y ciega rabia de avaricia y con métodos e ingenios más exquisitos para obtener y robar plata y oro que todos los anteriores, dejando de lado todo temor a Dios y al Rey, y la vergüenza ante la gente, olvidando que eran hombres mortales, como estaban más liberados al poseer toda la jurisdicción de la tierra, actuaron.

Estos demonios encarnados han asolado, destruido y despoblado más de cuatrocientas leguas de tierras muy fértiles, y en ellas grandes y admirables provincias, valles de cuarenta leguas, regiones muy agradables, y poblaciones muy grandes, riquísimas en gente y oro. Han matado y destruido por completo grandes y diversas naciones, muchas lenguas de las cuales no han dejado a nadie que las hable, salvo algunos que se habrán escondido en las cavernas y entrañas de la tierra, huyendo de tan extraño y mortal cuchillo. Han matado, destruido y condenado al infierno a aquellas inocentes generaciones, con extrañas, diversas y nuevas formas de cruel iniquidad e impiedad, (según creo) a cuatro o cinco millones de almas, y hasta hoy no cesan de seguir haciéndolo. De las infinitas e inmensas injusticias, insultos y estragos que han causado y siguen causando hoy, quiero mencionar solo tres o cuatro, a partir de los cuales se puede juzgar lo que han hecho para llevar a cabo las grandes destrucciones y despoblaciones que mencionamos antes.

Capturaron al señor supremo de toda esa provincia sin ninguna razón, solo para sacarle oro mediante torturas. Logró soltarse, huyó a las montañas y todo el pueblo de la región se alborotó y asustó, escondiéndose en las montañas y matorrales. Los españoles realizaron expediciones contra ellos para ir a buscarlos; los encontraban, cometían crueles matanzas y a todos los que capturaban vivos los vendían en subastas públicas como esclavos. En muchas provincias, y en todas partes donde llegaban, antes de capturar al señor universal, los recibían con cantos, danzas y muchos regalos de oro en gran cantidad. Pero el pago que les daban, para sembrar el miedo en toda esa tierra, era hacer que los mataran a espada y los despedazaran. Una vez, cuando salieron a recibirlos de la manera mencionada, el capitán, un tirano alemán, hizo que una gran cantidad de personas entrara en una gran casa de paja y luego los hicieron pedazos. Y como la casa tenía unas vigas en lo alto, mucha gente se subió a ellas para huir de las sangrientas manos de esos hombres, o bestias sin piedad, y de sus espadas. El hombre infernal ordenó prender fuego a la casa, donde todos los que quedaban fueron quemados vivos. Por esta causa, un gran número de pueblos quedó despoblado, ya que toda la gente huyó a las montañas, donde pensaban que podrían salvarse.

Llegaron a otra gran provincia en los límites de la provincia y reino de Santa Marta[12]. Encontraron a los indígenas en sus casas, en sus pueblos y haciendas, pacíficos y ocupados. Estuvieron mucho tiempo con ellos, comiendo de sus haciendas, y los indígenas sirviéndoles como si dependieran de ellos para salvar sus vidas, soportando sus continuas opresiones e importunidades habituales, que son intolerables. Un glotón español come en un día más de lo que bastaría para un mes en una casa donde vivieran diez personas indígenas. Durante ese tiempo, los indígenas les dieron una gran cantidad de oro de su propia voluntad, junto con otras innumerables buenas obras que les hicieron. Al final, cuando los tiranos ya decidieron irse, acordaron pagar la estancia de esta manera: el tirano gobernador alemán (y también, creemos, hereje, porque ni oía misa ni dejaba a muchos oírla, con otros indicios de ser luterano que se le conocieron) ordenó que capturaran a todos los indígenas con sus mujeres e hijos que pudieron y los metieran en un gran corral o cerca de palos que hicieron para ello. Les hizo saber que quien quisiera salir y ser libre tendría que pagar un rescate a voluntad del inicuo gobernador, dando tanto oro por sí mismo, tanto por su mujer y por

---

12 Provincia fronteriza entre las actuales Colombia y Venezuela

cada hijo. Y para presionarlos más, ordenó que no les dieran comida hasta que le trajeran el oro que pedía por su rescate. Muchos enviaron a sus casas por oro y se rescataban como podían; los soltaban y volvían a sus labores y casas a preparar su comida; el tirano enviaba a ciertos ladrones españoles que volvían a capturar a los pobres indígenas que ya habían sido rescatados una vez; los traían de nuevo al corral y los sometían al tormento del hambre y la sed hasta que se rescataran otra vez. Hubo muchos de estos que fueron capturados y rescatados dos o tres veces; otros que no podían ni tenían tanto, porque ya habían dado todo el oro que poseían, los dejó en el corral hasta que murieron de hambre. De esta forma, dejó arruinada, desolada y despoblada una provincia riquísima en gente y oro, que tiene un valle de cuarenta leguas, y en ella quemó un pueblo que tenía mil casas.

Este tirano infernal decidió ir tierra adentro, con la codicia y el ansia de descubrir por esa zona el infierno del Perú. Para este infeliz viaje, él y los demás llevaron a un sinnúmero de indígenas cargando pesos de tres y cuatro arrobas, ensartados en cadenas. Si alguno se cansaba o desfallecía por el hambre, el trabajo o la debilidad, le cortaban la cabeza por la argolla de la cadena para no detenerse a desensartar a los otros que iban más afuera en las cadenas; la cabeza caía a un lado y el cuerpo a otro, y distribuían la carga de éste entre los demás. Contar las provincias que arrasó, las ciudades y lugares que quemó (ya que todas las casas eran de paja), las personas que mató y las crueldades que perpetró en las matanzas particulares en este camino, no es algo creíble, pero sí espantoso y verdadero.

Después de él, por esos caminos, pasaron otros tiranos que vinieron de la misma Venezuela y otros de la provincia de Santa Marta, con la misma 'santa' intención de descubrir esa 'santa' casa del oro del Perú. Hallaron toda la tierra, más de doscientas leguas, tan quemada, despoblada y desierta, siendo antes tan poblada y próspera como se ha dicho, que ellos mismos, aunque tiranos y crueles, se asombraron y quedaron aterrados al ver el rastro de tan lamentable destrucción que aquél había dejado a su paso.

Todas estas cosas están probadas con muchos testigos por el fiscal del Consejo de las Indias, y las pruebas están en el mismo Consejo, y nunca quemaron vivos a ninguno de estos tan nefandos tiranos. Y no es nada lo que está probado en comparación con los grandes estragos y males que han causado, porque todos los ministros de justicia que hasta hoy han estado en las Indias, por su gran y mortífera ceguera, no se han ocupado en examinar los delitos, destrucciones y matanzas que han cometido y siguen cometiendo todos los tiranos de las Indias, sino que solo se enfocan en decir que, por haber Fulano y Fulano cometido crueldades contra los indígenas, el Rey ha perdido tantos miles de castellanos en rentas. Y para argumentar esto, les basta con pocas pruebas, bastante generales y confusas. Y ni siquiera saben investigar ni presentar esto como deberían, porque si hicieran lo que deben a Dios y al Rey, encontrarían que esos tiranos alemanes han robado al Rey más de tres millones de castellanos de oro, ya que esas provincias de Venezuela, junto con las que más han devastado, destruido y despoblado —más de cuatrocientas leguas (como dije)—, son las tierras más ricas y prósperas en oro y de mayor población que existen en el mundo. Y han impedido y echado a perder más renta que la que hubieran tenido los reyes de España en ese reino, dos millones en los dieciséis años que los tiranos enemigos de Dios y del Rey comenzaron a destruirlas. Y estos daños, de aquí hasta el fin del mundo, no hay esperanza de que se recuperen, a menos que Dios, por un milagro, resucitara a tantas almas muertas. Estos son los daños temporales del Rey; sería bueno considerar cuán grandes y cuán numerosos son los daños, deshonras, blasfemias e infamias contra Dios y su ley, y con qué se recompensarán tantas almas innumerables que están ardiendo en el infierno por la codicia y brutalidad de estos tiranos, sean animales o alemanes

Con solo esto quiero concluir sobre su desgracia y ferocidad: desde que entraron en la tierra hasta hoy, es decir, en estos dieciséis años, han enviado muchos barcos cargados y llenos de indígenas por mar para venderlos como esclavos en Santa Marta, la isla Española, Jamaica y la isla de San Juan, más de un millón de indígenas. Y aún hoy, en el año de mil 1542, los siguen enviando, mientras la Audiencia Real de la isla Española lo ve y lo disimula, incluso favoreciéndolo, como todas las otras infinitas tiranías y destrucciones (que se han llevado a cabo en toda esa costa de tierra firme, que son más de cuatrocientas leguas, que han estado y hoy están, las de Venezuela y Santa Marta, bajo su jurisdicción) que podrían haber evitado y remediado. No ha habido más razón para hacer esclavos a todos estos indígenas que la perversa, ciega y obstinada voluntad de cumplir con la insaciable codicia de dinero de esos avariciosos tiranos, como todos los demás siempre han hecho en todas las Indias, tomando a esos corderos y ovejas de sus casas, junto con sus mujeres e hijos, de las crueles y nefastas maneras ya mencionadas, y marcándolos con el hierro del Rey para venderlos como esclavos.

DE LAS PROVINCIAS DE LA TIERRA FIRME POR LA PARTE
QUE SE LLAMA LA FLORIDA

A estas provincias han llegado tres tiranos en diferentes épocas desde el año 1510 o 1511, a hacer las mismas obras que los otros, y dos de ellos, en otras partes de las Indias, han cometido para alcanzar estados desproporcionados a su mérito con la sangre y destrucción de sus semejantes. Y los tres han muerto de mala muerte, con la destrucción de sus personas y de las casas que habían edificado con la sangre de hombres en tiempos pasados; yo soy testigo de los tres. Su memoria ya ha sido borrada de la faz de la tierra, como si nunca hubieran pasado por esta vida. Dejaron toda la tierra escandalizada y sumida en la infamia y el horror de su nombre, con algunas matanzas que cometieron, aunque no muchas, porque Dios los mató antes de que hicieran más, ya que les tenía reservado allí el castigo por los males que yo sé y vi que perpetraron en otras partes de las Indias.

El cuarto tirano llegó recientemente en el año de 1538, con mucha intención y preparación. Han pasado tres años desde entonces y no se sabe nada de él ni ha aparecido. Estamos seguros de que, tan pronto como llegó, cometió crueldades y luego desapareció, y que si él y su gente aún están vivos, en estos tres años han destruido a muchas personas y pueblos, si es que los encontraron por donde pasaron. Esto se debe a que es uno de los más notorios y experimentados en causar daños, males y destrucción en muchas provincias y reinos junto con otros compañeros. Pero creemos más bien que Dios le ha dado el mismo fin que a los otros.

Después de tres o cuatro años de haber escrito lo anterior, regresó de la tierra de Florida el resto de los tiranos que habían ido con ese tirano mayor, a quien dejaron muerto. De ellos supimos las inauditas crueldades y maldades que, tanto en vida del tirano como después de su miserable muerte, sus inhumanos hombres perpetraron contra aquellos indígenas inocentes, que no hacían daño a nadie. Esto confirmó lo que yo había predicho anteriormente. Y son tantas que confirmaron la regla que pusimos al principio: cuanto más avanzaban en descubrir, destrozar

y destruir gente y tierras, más notorias eran las crueldades e iniquidades que perpetraban contra Dios y sus semejantes. Estamos
hartos de relatar tantas obras tan execrables, horribles y sangrientas, no de hombres, sino de bestias feroces, y por eso no he querido detenerme a contar más que las siguientes.

Encontraron grandes poblaciones de gente muy bien dispuestas, sensatas, políticas y bien organizadas. Hacían grandes matanzas entre ellos, como suelen hacer, para sembrar el miedo en
los corazones de aquellas personas. Los afligían y los mataban
cargándolos como a bestias; cuando alguno se cansaba o desfallecía, por no desensartar de la cadena a los otros que iban sujetos en colleras antes que él, le cortaban la cabeza por el cuello,
de manera que el cuerpo caía a un lado y la cabeza a otro, como
ya hemos relatado en otros casos.

Al entrar en un pueblo donde los recibieron con alegría y les
dieron de comer hasta saciarse, además de más de seiscientos indígenas para cargar sus pertenencias y servir a sus caballos, después de haber salido del pueblo, los tiranos, un capitán pariente
del tirano mayor, regresó para saquear todo el pueblo, aprove-
chándose de la confianza de sus habitantes. Mató con lanzadas
al señor y rey de la tierra e hizo otras crueldades.

En otro gran pueblo, porque les pareció que sus habitantes
estaban un poco más cautelosos debido a las infames y horribles acciones que habían escuchado sobre ellos, mataron con
espada y lanza a niños y adultos, jóvenes y ancianos, súbditos
y señores, sin perdonar a nadie. A un gran número de indígenas, especialmente a más de doscientos que habían sido llamados de cierto pueblo o que vinieron por su propia voluntad, el
tirano mayor les hizo cortar la cara desde la nariz hasta los la-
bios, dejándoles la cara completamente desfigurada. Y así, con
ese sufrimiento, dolor y amargura, mientras la sangre corría, los

enviaron de regreso para que llevaran la noticia de las obras y 'milagros' que realizaban esos predicadores de la santa fe católica y bautizados.

Juzguen ahora cómo estarán esas personas, cuánto amor tendrán hacia los cristianos y cómo creerán que el dios que ellos tienen es bueno y justo, y que la ley y religión que profesan y de la que se jactan es inmaculada. Muy grandes y extraordinarias son las maldades que allí cometieron esos hombres infelices, hijos de la perdición. Así, el capitán más desafortunado murió como un desdichado, sin confesión, y no dudamos que fue sepultado en los infiernos (si es que Dios, quizás de manera oculta, no lo salvó según su divina misericordia y no según los méritos de él) por tan execrables maldades.

DEL RÍO DE LA PLATA

Desde el año de 1522 o 1523 han ido al Río de la Plata, donde hay grandes reinos y provincias, y pueblos muy bien dispuestos y razonables, tres o cuatro veces capitanes. En general, sabemos que han causado muertes y daños. En particular, como está muy alejado de lo que más se trata de las Indias, no sabemos de cosas específicas que contar. Sin embargo, no tenemos ninguna duda de que no hayan hecho, y sigan haciendo hoy, las mismas obras que se han hecho y se hacen en otras partes. Porque son los mismos españoles, y entre ellos hay quienes han estado en otras regiones, y porque van con la intención de hacerse ricos y grandes señores como los demás, lo cual es imposible que suceda sino es con la destrucción, matanzas, robos y reducción de los indígenas, según el perverso camino y método que estos y los otros han seguido.

Después de que se escribió lo mencionado, supimos con certeza que han destruido y despoblado grandes provincias y reinos de esa tierra, cometiendo extrañas matanzas y crueldades contra esas desventuradas gentes, con las cuales se han distinguido tanto como los otros, e incluso más que otros, porque han tenido más tiempo debido a estar más lejos de España, y han vivido más tiempo sin orden ni justicia, aunque en todas las Indias no la hubo, como se evidencia por todo lo relatado anteriormente. Entre otras infinitas, se han leído en el Consejo de las Indias las que se mencionarán a continuación: un tirano gobernador dio la orden a algunos de sus hombres de que fueran a ciertos pueblos de indígenas, y que si no les daban de comer, los mataran a todos. Fueron con esta autoridad, y porque los indígenas, viéndolos como enemigos, no quisieron darles comida, más por miedo de verlos y huir de ellos que por falta de generosidad, mataron con espada a más de 5.000 personas.

Además, un grupo de gente pacífica se presentó ante ellos para ofrecerse a su servicio, quizás porque ellos mismos los habían llamado, y porque no llegaron tan pronto como esperaban o porque, como suelen hacer y es costumbre extendida entre ellos, querían arraigar en ellos su horrible miedo y terror, el gobernador ordenó que los entregaran a todos en manos de otros indígenas que consideraban sus enemigos. Estos, llorando y clamando, rogaban que los mataran ellos mismos y no los entregaran a sus enemigos; y al no querer salir de la casa donde estaban, allí los hicieron pedazos mientras clamaban y decían: '¿Venimos a servirles pacíficamente y nos matan? Nuestra sangre quede en estas paredes como testimonio de nuestra injusta muerte y de su crueldad'. Esta fue, sin duda, una acción destacada y digna de consideración, y mucho más de lamentar

DE LOS GRANDES REINOS Y GRANDES PROVINCIAS DEL PERÚ

En el año 1531, otro gran tirano, junto con cierta gente, fue a los reinos del Perú, donde, entrando con el mismo título e intención y con los mismos principios que todos los anteriores (porque era uno de los que más se habían ejercitado y durante más tiempo en todas las crueldades y estragos que se habían cometido en Tierra Firme desde el año mil quinientos diez), aumentó en crueldades, matanzas y robos, sin fe ni verdad, destruyendo pueblos, diezmando y matando a sus habitantes, y causando tan grandes males que han sucedido en esas tierras, que estamos seguros de que nadie podrá contarlos ni describirlos adecuadamente hasta que los veamos y los conozcamos claramente el día del juicio. Y de algunos de estos hechos, en cuanto a la deformidad, características y circunstancias que los hacen más horribles y graves, realmente no podré ni sabré describirlos con la intensidad que merecen.

En su desafortunada incursión, mató y destruyó varios pueblos y les robó una gran cantidad de oro. En una isla cercana a esas mismas provincias, llamada Puná, muy poblada y hermosa, el señor y su gente lo recibieron como si fueran ángeles del cielo. Después de seis meses, habiéndoles consumido todos sus alimentos, y al descubrir las reservas de trigo que tenían para ellos, sus mujeres e hijos en tiempos de sequía y escasez, se las ofrecieron con muchas lágrimas para que las usaran y comieran a su voluntad. El pago que les dieron al final fue meterlos a espada y matar con lanzas a una gran cantidad de ellos, y a los que pudieron capturar vivos los hicieron esclavos, cometiendo además otras crueldades grandes y notorias, dejando casi despoblada la isla.

De allí se fueron a la provincia de Tumbala, que está en tierra firme, y mataron y destruyeron a todos los que pudieron. Y como todas las personas huían de sus espantosas y horribles acciones, decían que se sublevaban y que eran rebeldes al rey. Este tirano tenía la siguiente estrategia: a aquellos a quienes les pedía, y a otros que venían a traerles presentes de oro, plata y lo que tenían, les decía que trajeran más hasta que veía que no tenían más o no traían más. Entonces, les decía que los aceptaba como vasallos de los reyes de España y los abrazaba, haciendo tocar dos trompetas que tenía, haciéndoles creer que, a partir de ese momento, no les tomarían más cosas ni les harían ningún daño. Consideraba todo lo que les robaba y lo que le daban por miedo de las abominables noticias que escuchaban de él como algo legítimo, antes de que los recibiera bajo el amparo y protección del rey. Como si, después de ser recibidos bajo la protección real, no los oprimieran, robaran, arrasaran y destruyeran, y como si él no los hubiera destruido de esa manera.

Pocos días después, llegó el rey universal y emperador de esos reinos, llamado Atahualpa, con mucha gente desarmada y con sus armas inofensivas, sin saber cómo cortaban las espadas, cómo herían las lanzas, cómo corrían los caballos ni quiénes eran los españoles (que, si los demonios tuvieran oro, también los atacarían para robárselo). Llegó al lugar donde ellos estaban, diciendo: '¿Dónde están esos españoles? Que salgan aquí, que no me iré de aquí hasta que me den cuenta de mis vasallos a quienes han matado, de los pueblos que han despoblado y de las riquezas que me han robado'. Los españoles salieron a su encuentro, mataron a muchísima gente, lo capturaron a él, que venía en unas andas, y después de tenerlo preso, negociaron con él su rescate. Él prometió dar cuatro millones de castellanos y entregó quince, y ellos le prometieron soltarlo, pero al final, no cumpliendo su palabra ni siendo honestos (como nunca en las Indias los españoles lo han sido con los indígenas), lo acusaron de estar reuniendo gente.

Él respondió que en toda la tierra no se movía una hoja de un árbol sin su voluntad, y que si gente se reunía, era porque él lo había ordenado, y que, si estaba preso, podían matarlo.

No obstante, lo condenaron a ser quemado vivo, aunque luego algunos rogaron al capitán que lo ahogaran, y, después de ahogarlo, lo quemaron. Cuando Atahualpa supo esto, dijo: '¿Por qué me quemáis, qué os he hecho? ¿No me prometisteis soltarme si os daba el oro? ¿No os di más de lo que os prometí? Pues, si así lo queréis, enviadme a vuestro rey de España'. Y dijo muchas otras cosas que causan gran confusión y repudio ante la gran injusticia de los españoles, y, al final, lo quemaron. Considérense aquí la justicia y legitimidad de esta guerra, la prisión de este señor, la sentencia y ejecución de su muerte, y la conciencia con la que esos tiranos poseen los grandes tesoros que, en esos reinos, robaron a ese gran rey y a muchos otros señores e individuos.

De las innumerables hazañas marcadas por la maldad y la crueldad en la extirpación de esas gentes, cometidas por quienes se llaman cristianos, quiero referir aquí algunas pocas que un fraile de la orden de San Francisco vio al principio y las firmó con su nombre, enviando copias por esas tierras y otras a estos reinos de Castilla. Yo tengo en mi poder una copia con su propia firma, en la cual dice lo siguiente:

'Yo, fray Marcos de Niza, de la orden de San Francisco, comisario sobre los frailes de la misma orden en las provincias del Perú, que fui uno de los primeros religiosos que entraron con los primeros cristianos en dichas provincias, declaro, dando testimonio verdadero de algunas cosas que vi con mis propios ojos en esa tierra, principalmente en relación con el trato y las conquistas hechas a los nativos. Primeramente, soy testigo ocular y, por experiencia cierta, supe y entendí que los indígenas del Perú son la gente más benévola que se ha visto entre los indígenas, muy cercana y amiga de los cristianos. Vi que ellos daban a los españoles en abundancia oro, plata, piedras preciosas y todo lo que les pedían y que ellos poseían, así como todo buen servicio. Y nunca los indígenas estuvieron en guerra, sino en paz, mientras no les dieron motivo con malos tratos y crueldades: más bien, recibían a los españoles con toda benevolencia y honor en sus pueblos, dándoles alimentos y todos los esclavos y esclavas que pedían para su servicio.'

Asimismo, soy testigo y doy testimonio de que, sin que esos indígenas dieran causa ni motivo a los españoles, desde que estos entraron en sus tierras, después de que el gran cacique Atahualpa les dio más de dos millones de oro y habiéndoles entregado toda la tierra sin resistencia, quemaron al mencionado Atahualpa, que era señor de toda la tierra, y después de él quemaron vivo a su capitán general, Cochilimaca, quien había venido pacíficamente al gobernador con otros principales.

Asimismo, después de estos, a los pocos días, quemaron a Chamba, otro señor muy importante de la provincia de Quito, sin ninguna culpa ni motivo. Igualmente, quemaron a Chapera, señor de los Cañaris, de forma injusta. También a Albis, un gran señor de los que había en Quito, le quemaron los pies y le dieron muchos otros tormentos para que dijera dónde estaba el oro de Atahualpa, de cuyo tesoro, como se demostró, él no sabía nada. Asimismo, quemaron en Quito a Cozopanga, que era gobernador de todas las provincias de Quito, quien, tras ciertos requerimientos de Sebastián de Belalcázar, capitán del gobernador, vino en paz; y como no dio tanto oro como le pedían, lo quemaron junto con muchos otros caciques y principales. Y por lo que yo pude entender, la intención de los españoles era que no quedara ningún señor en toda la tierra.

Además, los españoles reunieron a un gran número de indígenas y los encerraron en tres grandes casas, tantas personas como cupieron en ellas, les prendieron fuego y los quemaron a todos, sin que ellos hubieran hecho la menor cosa contra los españoles ni dado el menor motivo. Ocurrió allí que un clérigo llamado Ocaña sacó a un muchacho del fuego en el que se estaba quemando, y otro español vino, se lo quitó de las manos y lo arrojó de nuevo al centro de las llamas, donde se hizo cenizas junto con los demás. Este mismo español que había arrojado al indígena al fuego, al regresar al campamento ese mismo día, cayó muerto súbitamente en el camino, y yo opiné que no lo enterraran.

Además, afirmo que yo mismo vi con mis propios ojos a los españoles cortar manos, narices y orejas a los indígenas, tanto hombres como mujeres, sin motivo alguno, solo porque se les antojaba hacerlo, y en tantos lugares y partes que sería largo de contar. También vi cómo los españoles soltaban perros contra los indígenas para que los despedazaran, y vi cómo hacían que muchos fueran atacados por estos perros. Igualmente, vi quemar tantas casas y pueblos que no sabría decir el número, ya que eran muchísimos. También es cierto que tomaban a los niños de pecho por los brazos y los lanzaban con fuerza tan lejos como podían, y otros excesos y crueldades sin sentido que me llenaban de horror, junto con otras innumerables atrocidades que presencié, que serían largas de contar.

Además, vi que llamaban a los caciques y principales indígenas para que vinieran en paz, asegurándoles seguridad y prometiéndoles protección, y al llegar, los quemaban inmediatamente. En mi presencia, quemaron a dos: uno en Andón y otro en Tumbala, y no pude evitar que los quemaran, a pesar de todo lo que les prediqué. Y según Dios y mi conciencia, hasta donde puedo comprender, no por otra causa que por estos malos tratos, como claramente se ve, se sublevaron los indígenas del Perú, y con mucha razón, porque no se les ha tratado con verdad ni se ha cumplido con ellos la palabra dada, sino que, contra toda razón y justicia, los han destruido tiránicamente junto con toda la tierra, haciéndoles tales cosas que decidieron morir antes que soportar obras semejantes.

También digo que, según la información de los indígenas, hay mucho más oro escondido que el que se ha mostrado, el cual, debido a las injusticias y crueldades que los españoles cometieron, no han querido revelar, ni lo revelarán mientras reciban tales tratos; prefieren morir como los anteriores. En esto, Dios Nuestro Señor ha sido muy ofendido y Su Majestad muy perjudicado y defraudado al perder una tierra que podría haber alimentado fácilmente a toda Castilla, y que, a mi juicio, será bastante difícil y costosa de recuperar'

Todas estas son las palabras literales del mencionado religioso, y también vienen firmadas por el obispo de México, dando testimonio de que todo esto lo afirmaba el padre fray Marcos. Debe considerarse aquí lo que este padre dice que vio, ya que esto ocurrió en un área de cincuenta o cien leguas de tierra y hace nueve o diez años, cuando era el comienzo y había muy pocos. Posteriormente, al sonido del oro, llegaron cuatro o cinco mil españoles que se extendieron por muchos y grandes reinos y provincias a más de quinientas y setecientas leguas, que ahora están todas arrasadas, perpetrando esas y otras obras aún más salvajes y crueles. Verdaderamente, desde entonces hasta hoy se ha destruido y arrasado más de mil veces más almas de las que él contó, y con menos temor de Dios y del Rey, y con menos piedad, han destruido una grandísima parte del linaje humano. Han faltado y han muerto en esos reinos, hasta hoy (y aún hoy los matan), en unos diez años, alrededor de cuatro millones de almas.

Hace pocos días, azotaron y mataron a una gran reina, esposa del Inca, el que quedó como rey de esos reinos, a quien los cristianos, por sus tiranías, poniendo las manos sobre él, hicieron que se levantara y está alzado. Tomaron a la reina, su esposa, y contra toda justicia y razón la mataron (e incluso dicen que estaba embarazada) solo para causar dolor a su marido. Si se contaran todas las crueldades y matanzas particulares que los cristianos han cometido y cometen cada día en esos reinos del Perú, sin duda alguna serían aterradoras, y tantas que todo lo que hemos dicho de otras partes parecería poco y se oscurecería en comparación con la cantidad y gravedad de las mismas.

DEL NUEVO REINO DE GRANADA[13]

En el año de 1539, muchos tiranos convergieron yendo a buscar el Perú desde Venezuela, Santa Marta y Cartagena, y otros que descendían desde el mismo Perú para explorar y penetrar aquellas tierras. A trescientas leguas tierra adentro, detrás de Santa Marta y Cartagena, encontraron unas provincias felicísimas y admirables, llenas de innumerables personas muy mansas y buenas, como en otras regiones, y también muy ricas en oro y piedras preciosas (las llamadas esmeraldas). A estas provincias las llamaron el Nuevo Reino de Granada, porque el tirano que llegó primero a estas tierras era originario del reino de Granada aquí en España.

Y como muchos hombres inicuos y crueles que se juntaron allí desde todas partes eran insignes carniceros y derramadores

---

13 Territorio que corresponde a la parte interior de la actual Colombia.

de sangre humana, muy acostumbrados y experimentados en los grandes pecados mencionados anteriormente en muchas partes de las Indias, sus endemoniadas obras, junto con las circunstancias y características que las hacen aún más horribles y graves, han excedido a muchas y, de hecho, a todas las que ellos y otros han cometido en otras provincias.

De las innumerables atrocidades que han perpetrado en estos tres años, y que incluso hoy en día no cesan de cometer, relataré algunas, muy brevemente, de entre muchas que un gobernador (porque el que robaba y mataba en el Nuevo Reino de Granada no le quiso permitir robar y matar también) presentó como prueba en su contra, con muchos testigos, sobre los estragos, abusos y matanzas que ha hecho y sigue haciendo, y que se leyeron y están en el Consejo de las Indias.

Los testigos en la mencionada prueba dicen que, estando todo aquel reino en paz y sirviendo a los españoles, los indígenas les daban de comer de su trabajo continuamente, realizaban labores y cultivos, y les traían mucho oro, esmeraldas y todo lo que tenían y podían. Los pueblos, sus señores y su gente estaban repartidos entre los españoles, que era todo lo que pretendían como medio para alcanzar su fin último, que es el oro, y todos puestos bajo la tiranía y servidumbre acostumbrada. El tirano capitán principal que gobernaba esa tierra capturó al señor y rey de todo ese reino y lo mantuvo prisionero durante seis o siete meses, exigiéndole oro y esmeraldas sin ninguna causa ni razón.

El rey, llamado Bogotá, por el miedo que le infundieron, dijo que daría una casa de oro como le pedían, esperando liberarse de las manos de quienes lo afligían de ese modo. Envió a los indígenas a que le trajeran oro y, en varias ocasiones, trajeron una gran cantidad de oro y piedras preciosas. Pero, como no daba la casa de oro, los españoles decían que debía matarlo porque no cumplía lo que había prometido. El tirano dijo que se lo pidieran formalmente ante él mismo; así lo hicieron, presentando una acusación contra el mencionado rey de la tierra. Él emitió una sentencia condenándolo a tormentos si no entregaba la casa de oro.

Le dieron el tormento de la cuerda, le echaron sebo ardiendo en la barriga, le pusieron una herradura a cada pie clavada en un palo, el cuello atado a otro palo y dos hombres le sujetaban las manos; y así, le prendían fuego a los pies. De rato en rato, el tirano entraba y le decía que lo mataría poco a poco con tormentos si no le daba el oro. Y así lo cumplió: mató al mencionado señor con esos tormentos. Mientras lo atormentaban, Dios mostró una señal de que repudiaba esas crueldades al quemarse todo el pueblo donde se perpetraban.

Todos los demás españoles, para imitar a su 'buen' capitán y porque no saben hacer otra cosa más que despedazar a esas gentes, hicieron lo mismo, torturando con diversos y feroces tormentos a cada cacique y señor del pueblo o pueblos que tenían encomendados, a pesar de que esos señores, con todas sus gentes, les servían y les daban oro, esmeraldas y todo lo que tenían y podían. Solo los torturaban para que les dieran más oro y piedras de lo que ya les daban. Y así quemaron y despedazaron a todos los señores de esa tierra

Por miedo de las terribles crueldades que uno de los tiranos particulares cometía contra los indígenas, un gran señor llamado Daitama, junto con mucha de su gente, huyó a los montes para escapar de tanta brutalidad. Consideran esto como su único remedio y refugio, si es que les sirve de algo. Y a esto los españoles lo llaman levantamientos y rebelión. Sabiendo esto, el capitán principal tirano envió a un hombre cruel, por cuya ferocidad los indígenas, que estaban pacíficos y soportando tan grandes tiranías y maldades, se habían refugiado en los montes.

Este fue a buscarlos; pero como ni siquiera esconderse en las entrañas de la tierra les sirve, encontraron a una gran cantidad de personas y mataron a más de quinientas almas, hombres, mujeres y niños, porque no perdonaban a nadie. Incluso dicen los testigos que el mismo señor Daitama, antes de que mataran a su gente, había acudido a ese hombre cruel y le había entregado cuatro o cinco mil castellanos, y aun así se cometió la masacre mencionada.

En otra ocasión, mientras una gran cantidad de personas venía a servir a los españoles, y estaban sirviendo con la humildad y simplicidad que suelen tener, confiados, el capitán llegó una noche a la ciudad donde los indígenas servían y ordenó que a todos esos indígenas los mataran a espada, algunos de ellos mientras dormían, otros mientras cenaban y descansaban de los trabajos del día. Hizo esto porque le pareció que sería bueno hacer esa masacre para sembrar el miedo en todas las gentes de esa tierra.

En otra ocasión, el capitán ordenó a todos los españoles que juraran cuántos caciques, principales y gente común tenían al servicio de sus casas, y luego que los llevaran a la plaza, donde ordenó cortarles la cabeza a todos, matando allí a cuatrocientas o quinientas personas. Los testigos dicen que de esta manera pensaba apaciguar la tierra. De cierto tirano particular, dicen los testigos que cometió grandes crueldades, matando y cortando muchas manos y narices a hombres y mujeres, y destruyendo a muchas personas.

En otra ocasión, el capitán envió al mismo hombre cruel con ciertos españoles a la provincia de Bogotá para investigar quién había sucedido en ese señorío después de que él mismo matara con tormentos al señor universal. Recorrió muchas leguas de tierra capturando a todos los indígenas que podía encontrar, y como no le decían quién era el nuevo señor, a unos les cortaba las manos y a otros los echaba a los perros bravos para que los despedazaran, tanto a hombres como a mujeres. De esta manera, mató y destruyó a muchos indígenas, hombres y mujeres.

Un día, al amanecer, atacó a unos caciques o capitanes y a mucha gente indígena que estaba en paz y confiada, ya que les habían asegurado y dado la palabra de que no recibirían mal ni daño. Por esa seguridad, habían salido de los montes donde se escondían para repoblar su pueblo al aire libre. Así, estando desprevenidos y confiando en la palabra que les habían dado, capturó a una gran cantidad de hombres y mujeres. Luego, les ordenaba que pusieran la mano extendida en el suelo, y él mismo, con un alfanje, les cortaba las manos, diciéndoles que ese castigo se lo imponía porque no querían decirle quién era el nuevo señor que había sucedido en ese reino.

En otra ocasión, porque los indígenas no le dieron un cofre lleno de oro que este cruel capitán les había pedido, envió a su gente a hacer la guerra, donde mataron innumerables personas y cortaron las manos y narices a hombres y mujeres que no se podrían contar, y a otros los echaron a perros bravos que los devoraban y despedazaban.

En otra ocasión, al ver los indígenas de una provincia de ese reino que los españoles habían quemado a tres o cuatro señores principales, por miedo se refugiaron en una peña fortificada para defenderse de enemigos tan carentes de humanidad. En la peña había, según dicen los testigos, cuatro o cinco mil indígenas. El mencionado capitán envió a un gran y destacado tirano —que supera a muchos de los que se encargan de asolar esas tierras— con un grupo de españoles para que, supuestamente, castigara a los indígenas que se habían 'rebelado' al huir de tan gran pestilencia y carnicería, como si hubieran cometido alguna injusticia y a ellos les correspondiera castigar y tomar venganza, cuando en realidad los españoles eran los que merecían los más crueles tormentos sin misericordia, ya que estaban completamente desprovistos de ella hacia esos inocentes.

Los españoles subieron a la peña por la fuerza, ya que los indígenas estaban desnudos y sin armas. Llamaron a los indígenas a la paz y les aseguraron que no les harían daño, que no pelearan; entonces, los indígenas cesaron. El hombre cruel ordenó a los españoles que tomaran todas las posiciones de la peña, y una vez tomadas, que atacaran a los indígenas. Los tigres y leones se lanzaron sobre las ovejas mansas, destripando y matando a espada a tantos que tuvieron que detenerse a descansar de tantos que habían hecho pedazos.

Después de haber descansado un rato, el capitán ordenó que mataran y despeñaran por la peña abajo, que era muy alta, a toda la gente que quedaba viva. Y así despeñaron a todos, y los testigos dicen que veían nubes de indígenas cayendo por la peña abajo, hasta setecientos hombres juntos que caían y se hacían pedazos. Y para consumar por completo su gran crueldad, buscaron a todos los indígenas que se habían escondido entre las matas y ordenó que a todos les dieran estocadas, y así los mataron y los arrojaron por las rocas abajo.

Aún no quiso contentarse con las crueldades ya mencionadas, sino que quiso destacarse más y aumentar la horribilidad de sus pecados al ordenar que todos los indígenas, hombres y mujeres, que los particulares habían capturado vivos (porque cada uno en esos estragos suele escoger algunos indígenas, hombres, mujeres y niños, para servirse), los metieran en una casa de paja, dejando aparte a los que mejor le parecían para su servicio, y que les prendieran fuego. Así, los quemaron vivos, y serían alrededor de cuarenta o cincuenta. A otros ordenó echarlos a los perros bravos, que los despedazaron y devoraron.

Otra vez, este mismo tirano fue a cierto pueblo llamado Cota, capturó a muchos indígenas e hizo que los perros despedazaran a quince o veinte señores y principales. Cortó gran cantidad de manos a mujeres y hombres, las ató en cuerdas y las colgó de un palo, en fila, para que los demás indígenas vieran lo que había hecho con ellos; habría alrededor de setenta pares de manos. También cortó muchas narices a mujeres y niños. Las hazañas y crueldades de este hombre, enemigo de Dios, no podrían ser explicadas por nadie, porque son innumerables y nunca antes vistas u oídas, tanto en esa tierra como en la provincia de Guatemala y dondequiera que ha estado. Ha pasado muchos años recorriendo esas tierras, cometiendo estas atrocidades, quemando y destruyendo a esas gentes y tierras.

Los testigos también dicen en esa probanza que han sido tantas, tan terribles y tan grandes las crueldades y muertes que se han hecho y aún se hacen en el mencionado Nuevo Reino de Granada por parte de los capitanes, y que estos han consentido que todos esos tiranos y destructores del género humano que estaban con él las cometieran, que toda la tierra está devastada y perdida. Y que, si Su Majestad no manda remediarlo a tiempo, según la matanza de los indígenas que se hace solamente para sacarles el oro que no tienen (porque todo lo que tenían ya lo han dado), en poco tiempo no quedarán indígenas para sustentar la tierra, y esta quedará yerma y despoblada.

Debe notarse aquí cuán cruel y pestilente ha sido la tiranía de esos desafortunados tiranos, cuán intensa, vehemente y diabólica ha sido, que en el transcurso de dos o tres años desde que se descubrió aquel reino (que, según todos los que han estado allí y los testigos de la mencionada probanza, estaba tan poblado de gente como podría estar cualquier tierra en el mundo), lo han despoblado y destruido completamente, sin piedad ni temor de Dios y del Rey, al punto de que se dice que, si Su Majestad no detiene pronto esas obras infernales, no quedará ningún hombre vivo. Y así lo creo yo, porque he visto con mis propios ojos muchas y grandes tierras en esas partes que, en muy pocos días, han sido destruidas y completamente despobladas.

Hay otras grandes provincias que limitan con las regiones del mencionado Nuevo Reino de Granada, que se llaman Popayán y Cali, y otras tres o cuatro que abarcan más de quinientas leguas; estas han sido asoladas y destruidas de la misma manera que las otras: robando, matando con tormentos y con los abusos ya mencionados a sus gentes, que eran innumerables. Porque la tierra es extremadamente fértil, y los que ahora vienen de allá dicen que es un gran dolor ver tantos y tan grandes pueblos quemados y desolados como los que vieron al pasar por esas regiones, donde había pueblos de mil y dos mil vecinos y no encontraban ni cincuenta, y otros estaban totalmente quemados y despoblados. Y por muchas partes encontraban cien, doscientas y hasta trescientas leguas todas despobladas, con grandes poblaciones quemadas y destruidas.

Finalmente, debido a que desde los reinos del Perú, por la parte de la provincia de Quito, penetraron grandes y crueles tiranos hacia el mencionado Nuevo Reino de Granada, Popayán y Cali; por la parte de Cartagena y Urabá, otros desafortunados tiranos salieron hacia Quito, y después otros por la parte del río de San Juan, que está en la costa sur, todos los cuales se vinieron a juntar, han extirpado y despoblado más de seiscientas leguas de tierras, echando a esas inmensas almas a los infiernos, haciendo lo mismo hasta el día de hoy con las gentes míseras, aunque inocentes, que quedan.

Y para confirmar la regla que mencioné al principio, de que la tiranía, las violencias e injusticias de los españoles contra esas mansas ovejas siempre han ido creciendo en crueldad, inhumanidad y maldad, lo que ahora se hace en dichas provincias, entre otras cosas dignas de todo fuego y tormento, es lo siguiente:

Después de las muertes y estragos de las guerras, como se ha dicho, ponen a las gentes en la horrible servidumbre ya mencionada, y encomiendan a los diablos a unos doscientos y a otros trescientos indígenas. El diablo encomendero hace que se llamen ante él a cien indígenas; luego vienen como corderos; una vez que han venido, manda cortar las cabezas de treinta o cuarenta de ellos y les dice a los demás: "Lo mismo os haré si no me servís bien o si os vais sin mi permiso".

Considérese ahora, por Dios, por aquellos que lean esto, qué clase de obra es esta y si excede toda crueldad e injusticia que se pueda imaginar; y si es apropiado llamar a esos cristianos diablos, y si sería mejor encomendar a los indígenas a los demonios del infierno que encomendarlos a los cristianos de las Indias.

Pues diré de otra obra que no sé cuál es más cruel, más infernal y más llena de ferocidad de bestias salvajes, si esta o la que acabo de mencionar. Ya se ha dicho que los españoles de las Indias tienen perros enseñados y amaestrados, muy bravos y feroces, para matar y despedazar a los indígenas. Sepan todos los que son verdaderos cristianos, e incluso los que no lo son, si alguna vez se ha oído en el mundo tal obra: para mantener a esos perros, llevan a muchos indígenas encadenados por los caminos que recorren, como si fueran manadas de cerdos, y matan a algunos de ellos y tienen carnicerías públicas de carne humana. Se dicen unos a otros: "Préstame un cuarto de uno de esos bellacos para dar de comer a mis perros hasta que yo mate otro", como si prestaran cuartos de cerdo o de carnero. Hay otros que salen de caza por las mañanas con sus perros y, al volver a comer, cuando se les pregunta cómo les ha ido, responden: "Me ha ido bien, porque he dejado obra de quince o veinte bellacos muertos con mis perros". Todas estas cosas y otras diabólicas están ahora probadas en los procesos que unos tiranos han hecho contra otros. ¿Qué puede ser más vil, más feroz y más inhumano que esto?

Con esto quiero terminar, hasta que lleguen noticias de obras aún más notorias en maldad (si es que pueden ser peores que estas), o hasta que volvamos allá a verlas de nuevo, como hace cuarenta y dos años que las hemos visto con nuestros propios ojos sin cesar. Protesto ante Dios y en mi conciencia que, según creo y estoy seguro, tantas son las destrucciones, daños, devastaciones, despoblaciones, estragos, muertes y grandes crueldades horribles, de las especies más viles, violencias, injusticias, robos y matanzas que se han hecho (y aún hoy se hacen) contra esas gentes y en esas tierras, que, de todo cuanto he dicho y de todo cuanto he enfatizado, no he dicho ni enfatizado ni una décima parte (de lo que se ha hecho y se hace hoy).

Y para que cualquier cristiano sienta más compasión por estas inocentes naciones, por su destrucción y condenación, y para que culpe, abomine y deteste más la codicia, ambición y crueldad de los españoles, todos deben considerar como verdad lo que afirmo a continuación, junto con lo que ya he dicho: desde que se descubrieron las Indias hasta hoy, nunca en ninguna parte de ellas los indígenas hicieron daño a los cristianos sin que primero hubieran recibido de ellos males, robos y traiciones. Antes bien, siempre los consideraban inmortales y venidos del cielo, y como tales los recibían, hasta que sus obras mostraban quiénes eran realmente y cuáles eran sus intenciones.

Otra cosa que conviene añadir es que, hasta hoy, desde los comienzos, los españoles no han tenido más cuidado en procurar que la fe de Jesucristo fuera predicada a esas gentes que si fueran perros o bestias. Al contrario, han prohibido con principal intención a los religiosos, causándoles muchas aflicciones y persecuciones, que les predicaran, porque consideraban que era un impedimento para obtener el oro y las riquezas que sus codicias les prometían. Y hoy, en todas las Indias, no hay más conocimiento de Dios, ya sea que este sea de madera, del cielo o de la tierra, que el que había hace cien años entre esas gentes, excepto en la Nueva España, donde han estado algunos religiosos, que es un rincón muy pequeño de las Indias. Así, todos han perecido y perecen sin fe y sin sacramentos.

Fui inducido yo, fray Bartolomé de las Casas o Casaus, fraile de Santo Domingo, que por la misericordia de Dios estoy en esta corte de España, procurando echar el infierno fuera de las Indias y que esas innumerables multitudes de almas, redimidas por la sangre de Jesucristo, no perezcan sin remedio para siempre, sino que conozcan a su Creador y se salven. También por la compasión que tengo por mi patria, que es Castilla, para que Dios no la destruya por tan grandes pecados cometidos contra su fe y su honra hacia el prójimo. Inducido por algunas personas notables, celosas de la honra de Dios y compasivas de las aflicciones y calamidades ajenas que residen en esta corte, aunque yo ya tenía esta intención, no la había puesto en obra por mis continuas ocupaciones.

Terminé esto en Valencia, a ocho de diciembre de 1542, cuando todas las violencias, opresiones, tiranías, matanzas, robos y destrucciones, estragos, despoblaciones, angustias y calamidades mencionadas anteriormente en todas las partes donde hay cristianos en las Indias tienen fuerza y están en su apogeo, aunque en algunas partes son más feroces y abominables que en otras. México y su comarca están un poco menos mal, o al menos donde no se osa hacer estas cosas públicamente, porque allí, y no en otra parte, hay algo de justicia, aunque muy poca, porque allí también los matan con infernales tributos.

Tengo una gran esperanza de que el emperador y rey de España, nuestro señor don Carlos, quinto de este nombre, va comprendiendo las maldades y traiciones que se cometen en esas gentes y tierras contra la voluntad de Dios y la suya (porque hasta ahora siempre se le ha ocultado la verdad de manera astuta), que ha de extirpar tantos males y ha de remediar ese nuevo mundo que Dios le ha dado, como amante y defensor que es de la justicia, cuya gloriosa y feliz vida e imperial estado Dios Todopoderoso prospere por largos tiempos, para el remedio de toda su Iglesia universal y la salvación final de su real alma. Amén.

Después de haber escrito lo anterior, se publicaron ciertas leyes y ordenanzas que Su Majestad promulgó por aquel tiempo en la ciudad de Barcelona, en el año de 1542, en el mes de noviembre, y luego en la villa de Madrid al año siguiente. Estas leyes se establecieron con el fin de poner orden y detener tantas maldades y pecados cometidos contra Dios y el prójimo, que estaban llevando a la ruina y destrucción de aquel mundo. Su Majestad promulgó dichas leyes después de muchas reuniones de personas de gran autoridad, conocimiento y conciencia, y tras muchas disputas y conferencias en la villa de Valladolid. Finalmente, con el acuerdo y parecer de la mayoría de los que dieron sus votos por escrito y se acercaron más a las reglas de la ley de Jesucristo, como verdaderos cristianos, y que también estaban libres de la corrupción y la suciedad de los tesoros robados de las Indias —los cuales mancharon tanto las manos como las almas de muchos que entonces los mandaban—, de ahí provino su ceguera, para destruirlas sin escrúpulo alguno.

Publicadas estas leyes, los aliados de los tiranos que estaban entonces en la corte hicieron muchas copias de ellas (ya que todos lamentaban, porque parecía que se les cerraban las puertas para participar en lo robado y tiranizado) y las enviaron a diversas partes de las Indias. Los que allí tenían el encargo de robar, destruir y consumir las tierras con sus tiranías, como nunca tuvieron orden sino todo el desorden que Lucifer pudo imponer, cuando vieron las copias, antes de que llegaran los nuevos jueces que debían ejecutarlas, conociendo (según se dice y se cree) a quienes hasta entonces les habían sostenido en sus pecados y violencias, que debían hacerlo, se alborotaron de tal manera que, cuando llegaron los buenos jueces a ejecutarlas, decidieron —como habían perdido el amor y el temor a Dios— perder también la vergüenza y la obediencia a su rey. Y así, decidieron llamarse traidores, siendo los más crueles y desenfrenados tiranos.

Particularmente en los reinos del Perú, donde hoy, en el año de 1546, se cometen obras tan horribles, espantosas y nefastas como nunca antes se hicieron, ni en las Indias ni en el mundo, no solo contra los indígenas, a quienes ya casi todos han matado y despoblado esas tierras, sino también entre ellos mismos, unos a otros, como un justo juicio de Dios, ya que, al no haber justicia del rey para castigarlos, ha venido del cielo, permitiendo que unos se conviertan en verdugos de otros.

Con el apoyo de esa sublevación, en todas las otras partes de ese mundo no han querido cumplir las leyes, y con el pretexto de pedir su derogación, están tan alzados como los otros, porque les cuesta abandonar los estados y haciendas usurpadas que tienen y soltar a los indígenas que mantienen en perpetua esclavitud. Aunque han dejado de matarlos rápidamente con espadas, los matan con trabajos forzados y otras vejaciones injustas e intolerables poco a poco. Y hasta ahora el Rey no ha sido lo suficientemente poderoso para detenerlo, porque todos, chicos y grandes, van a robar, unos más y otros menos, unos de forma pública y abierta, otros de manera secreta y disimulada. Y con el pretexto de que sirven al Rey, deshonran a Dios y roban y destruyen al Rey.

*Fue impresa la presente obra
en la muy noble y muy leal ciudad de Sevilla
en casa de Sebastián Trujillo, impresor de
libros, a Nuestra Señora de Gracia.*
Año de MDLII.

BREVISSIMA RELACION DE LA DESTRUYCION DE LAS INDIAS

TEXTO ORIGINAL

ARGUMENTO DEL PRESENTE EPÍTOME

Todas las cosas que han acaecido en las Indias, desde su maravilloso descubrimiento y del principio que a ellas fueron españoles para estar tiempo alguno, y después en el proceso adelante hasta los días de agora, han sido tan admirables y tan no creíbles en todo género a quien no las vido que parecen haber añublado y puesto silencio, y bastantes a poner olvido, a todas cuantas, por hazañosas que fuesen, en los siglos pasados se vieron y oyeron en el mundo. Entre éstas, son las matanzas y estragos de gentes inocentes y despoblaciones de pueblos, provincias y reinos que en ellas se han perpetrado, y que todas las otras no de menor espanto. Las unas y las otras refiriendo a diversas personas que no las sabían el obispo don fray Bartolomé de las Casas o Casaus, la vez que vino a la corte después de fraile a informar al Emperador, nuestro señor, como quien todas bien visto había, y causando a los oyentes con la relación dellas una manera de éxtasi y suspensión de ánimos, fue rogado e importunado que destas postreras pusiese algunas con brevedad por escrito. Él lo hizo, y viendo algunos años después muchos insensibles hombres (que la codicia y ambición ha hecho degenerar del ser hombres, y sus facinorosas obras traído en reprobado sentido)que, no contentos con las traiciones y maldades que han cometido, despoblando con exquisitas especies de crueldad aquel orbe, importunaban al Rey por licencia y autoridad para tornarlas a cometer, y otras peores (si peores pudiesen ser), acordó presentar esta suma de lo que cerca desto escribió al Príncipe nuestro señor, para que Su Alteza fuese en que se les denegase, y parecióle cosa conveniente ponella en molde por que Su Alteza la leyese con más facilidad. Y esta es la razón del siguiente epítome o brevísima relación.

Fin del argumento

Prólogo del obispo don fray Bartolomé de las Casas o Casaus para el muy alto y muy poderoso señor el príncipe de las Españas don Felipe, nuestro señor

Muy alto y muy poderoso señor:

Como la providencia divina tenga ordenado en su mundo que para dirección y común utilidad del linaje humano se constituyesen en los reinos y pueblos reyes como padres y pastores (según los nombra Homero) y, por consiguiente, sean los más nobles y generosos miembros de las repúblicas, ninguna duda de la rectitud de sus ánimos reales se tiene o con recta razón se debe tener. Que si algunos defectos, nocumentos y males se padecen en ellas, no ser otra la causa sino carecer los reyes de la noticia dellos, los cuales si les constasen, con sumo estudio y vigilante solercia extirparían. Esto parece haber dado a entender la Divina Escritura en los Proverbios de Salomón: Rex qui sedet in solio iudicii, dissipat omne malum intuitu suo, porque de la innata y natural virtud del rey así se supone, conviene a saber: que la noticia sola del mal de su reino es bastantísima para que lo disipe, y que ni por un momento solo en cuanto en sí fuere lo pueda sufrir.

Considerando, pues, yo, muy poderoso señor, los males y daños, perdición y jacturas (de los cuales nunca otros iguales ni semejantes se imaginaron poderse por hombres hacer) de aquellos tantos y tan grandes y tales reinos y, por mejor decir, de aquel vastísimo y nuevo mundo de las Indias, concedidos y encomendados por Dios y por su Iglesia a los reyes de Castilla para que se los rigiesen y gobernasen, convertiesen y prosperasen temporal y espiritualmente, como hombre que por cincuenta años y más de experiencia siendo en aquellas tierras presente los he visto cometer, que constándole a Vuestra Alteza algunas particulares hazañas dellos, no podría contenerse de suplicar a Su Majestad con instancia importuna que no conceda ni permita las que los tiranos inventaron, prosiguieron y han cometido, que llaman conquistas; en las cuales, si se permitiesen, han de tornarse a hacer, pues de sí mismas, hechas contra aquellas indianas gentes, pacíficas, humildes y mansas que a nadie ofenden, son inicuas, tiránicas, y por toda ley natural, divina y humana condenadas, detestadas y malditas; deliberé, por no ser reo callando de las perdiciones de ánimas y cuerpos infinitas que los tales perpetrarán, poner en molde algunas y muy pocas que los días pasados colegí de innumerables que con verdad podría referir, para que con más facilidad Vuestra Alteza las pueda leer.

Y puesto que el arzobispo de Toledo, maestro de Vuestra Alteza, siendo obispo de Cartagena, me las pidió y presentó a Vuestra Alteza, pero por los largos caminos de mar y de tierra que Vuestra Alteza ha emprendido y ocupaciones frecuentes reales que ha tenido, puede haber sido que o Vuestra Alteza no las leyó o que ya olvidadas las tiene; y el ansia temeraria e irracional de los que tienen por nada indebidamente derramar tan inmensa copia de humana sangre y despoblar de sus naturales moradores y poseedores (matando mil cuentos de gentes) aquellas tierras grandísimas y robar incomparables tesoros, crece cada día, importunando por diversas vías y varios fingidos colores que se les concedan o permitan las dichas conquistas (las cuales no se les podrían conceder sin violación de la ley natural y divina, y por consiguiente gravísimos pecados mortales, dignos de terribles y eternos suplicios), tuve por conviniente servir a Vuestra Alteza con este sumario brevísimo de muy difusa historia que de los estragos y perdiciones acaecidas se podría y debría componer.

Suplico a Vuestra Alteza lo reciba y lea con la clemencia y real benignidad que suele las obras de sus criados y servidores que puramente, por solo el bien público y prosperidad del estado real servir desean. Lo cual visto y entendida la deformidad de la injusticia que a aquellas gentes inocentes se hace, destruyéndolas y despedazándolas sin haber causa ni razón justa para ello, sino por sola la cudicia y ambición de los que hacer tan nefarias obras pretenden, Vuestra Alteza tenga por bien de con eficacia suplicar y persuadir a Su Majestad que deniegue a quien las pidiere tan nocivas y detestables empresas; antes ponga en esta demanda infernal perpetuo silencio, con tanto terror que ninguno sea osado dende adelante ni aun solamente se las nombrar.

Cosa es ésta, muy alto señor, convenientísima y necesaria para que todo el estado de la corona real de Castilla, espiritual y temporalmente Dios lo prospere y conserve y haga bienaventurado. Amén.

BREVISSIMA RELACION DE LA DESTRUYCION DE LAS INDIAS

Descubriéronse las Indias en el año de mil y cuatrocientos y noventa y dos. Fuéronse a poblar el año siguiente de cristianos españoles, por manera que ha cuarenta y nueve años que fueron a ellas cantidad de españoles. Y la primera tierra donde entraron para hecho de poblar fue la grande y felicísima isla Española, que tiene seiscientas leguas en torno. Hay otras muy grandes e infinitas islas alrededor, por todas las partes della, que todas estaban y las vimos las más pobladas y llenas de naturales gentes, indios dellas, que puede ser tierra poblada en el mundo. La tierra firme, que está de esta isla por lo más cercano docientas y cincuenta leguas, pocas más, tiene de costa de mar más de diez mil leguas descubiertas y cada día se descubren más, todas llenas como una colmena de gentes en lo que hasta el año de cuarenta y uno se ha descubierto, que parcce que puso Dios en aquellas tierras todo el golpe o la mayor cantidad de todo el linaje humano.

Todas estas universas e infinitas gentes, a toto genere , crio Dios los más simples, sin maldades ni dobleces, obedientísimas, fidelísimas a sus señores naturales y a los cristianos a quien sirven; más humildes, más pacientes, más pacíficas y quietas, sin rencillas ni bollicios, no rijosos, no querulosos, sin rancores, sin odios, sin desear venganzas, que hay en el mundo. Son así mesmo las gentes más delicadas, flacas y tiernas en complisión y que menos pueden sufrir trabajos, y que más fácilmente mueren de cualquiera enfermedad; que ni hijos de príncipes y señores entre nosotros, criados en regalos y delicada vida no son más delicados que ellos, aunque sean de los que entre ellos son de linaje de labradores. Son también gentes paupérrimas y que menos poseen ni quieren poseer de bienes temporales, y por esto no soberbias, no ambiciosas, no cudiciosas. Su comida es tal que la de los Santos Padres en el desierto no parece haber sido más estrecha ni menos deleitosa ni pobre. Sus vestidos comúnmente son en cueros, cubiertas sus vergüenzas, y cuando mucho cúbrense con una manta de algodón que será como vara y media o dos varas de lienzo en cuadra. Sus camas son encima de una estera y cuando mucho duermen en unas como redes colgadas que en lengua de la isla Española llamaban hamacas. Son eso mesmo de limpios y desocupados y vivos entendimentos; muy capaces y dóciles para toda buena doctrina, aptísimos para recebir nuestra santa fe católica y ser dotados de virtuosas costumbres, y las que menos impedimentos tienen para esto que Dios crio en el mundo. Y son tan importunas desque una vez comienzan a tener noticia de las cosas de la fe, para saberlas, y en ejercitar los sacramentos de la Iglesia y el culto divino, que digo verdad que han menester los religiosos para sufrillos ser dotados por Dios de don muy señalado de paciencia, y, finalmente, yo he oído decir a muchos seglares españoles de muchos años acá y muchas veces, no pudiendo negar la bondad que en ellos ven: «Cierto, estas gentes eran las más bienaventuradas del mundo si solamente conocieran a Dios».

En estas ovejas mansas y de las calidades susodichas por su Hacedor y Criador así dotadas, entraron los españoles desde luego que las conocieron como lobos y tigres y leones crudelísimos de muchos días hambrientos. Y otra cosa no han hecho de cuarenta años a esta parte hasta hoy, y hoy en este día lo hacen, sino despedazallas, matallas, angustiallas, afligillas, atormentallas y destruillas por las extrañas y nuevas y varias y nunca otras tales vistas ni leídas ni oídas maneras de crueldad, de las cuales algunas pocas abajo se dirán, en tanto grado que habiendo en la isla Española sobre tres cuentos de ánimas que vimos, no hay hoy de los naturales della docientas personas.

La isla de Cuba es cuasi tan luenga como desde Valladolid a Roma: está hoy cuasi toda despoblada. La isla de San Juan y la de Jamaica, islas muy grandes y muy felices y graciosas, ambas están asoladas. Las islas de los Lucayos, que están comarcanas a la Española y a Cuba por la parte del norte, que son más de sesenta, con las que llamaban de Gigantes y otras islas grandes y chicas y que la peor dellas es más fértil y graciosa que la Huerta del Rey de Sevilla y la más sana tierra del mundo, en las cuales había más de quinientas mil ánimas, no hay una sola criatura: todas las mataron trayéndolas y por traellas a la isla Española, después que vían que se les acababan los naturales della. Andando un navío tres años a rebuscar por ellas la gente que había después de haber sido vendimiadas, porque un buen cristiano se movió por piedad para los que se hallasen convertillos y ganallos a Cristo, no se hallaron sino once personas, las cuales yo vide. Otras más de treinta islas que están en la comarca de la isla de San Juan, por la mesma causa están despobladas y perdidas. Serán todas estas islas de tierra más de dos mil leguas, que todas están despobladas y desiertas de gente.

De la gran tierra firme somos ciertos que nuestros españoles, por sus crueldades y nefandas obras, han despoblado y asolado, y que están hoy desiertas, estando llenas de hombres racionales, más de diez reinos mayores que toda España, aunque entre Aragón y Portugal en ellos, y más tierra que hay de Sevilla a Jerusalén dos veces, que son más de dos mil leguas. Daremos por cuenta muy cierta y verdadera que son muertas en los dichos cuarenta años por las dichas tiranías y infernales obras de los cristianos injusta y tiránicamente más de doce cuentos de ánimas, hombres y mujeres y niños, y en verdad que creo, sin pensar engañarme, que son más de quince cuentos.

Dos maneras generales y principales han tenido los que allá han pasado que se llaman cristianos en extirpar y raer de la haz de la tierra a aquellas miserandas naciones. La una, por injustas, crueles, sangrientas y tiránicas guerras; la otra, después que han muerto todos los que podrían anhelar o sospirar o pensar en libertad o en salir de los tormentos que padecen, como son todos los señores naturales y los hombres varones (porque comúnmente no dejan en las guerras a vida sino los mozos y mujeres), oprimiéndolos con la más dura, horrible y áspera servidumbre en que jamás hombres ni bestias pudieron ser puestas. A estas dos maneras de tiranía infernal se reducen y se resuelven o subalternan como a géneros todas las otras diversas y varias de asolar aquellas gentes, que son infinitas.

La causa porque han muerto y destruido tantas y tales y tan infinito número de ánimas los cristianos ha sido solamente por tener por su fin último el oro y henchirse de riquezas en muy breves días y subir a estados muy altos y sin proporción de sus personas, conviene a saber: por la insaciable cudicia y ambición que han tenido, que ha sido la mayor que en el mundo ser pudo, por ser aquellas tierras tan felices y tan ricas, y las gentes tan humildes, tan pacientes y tan fáciles a sujetarlas, a las cuales no han tenido más respecto ni dellas han hecho más cuenta ni estima (hablo con verdad, por lo que sé y he visto todo el dicho tiempo) no digo que de bestias, porque pluguiera a Dios que como a bestias las hubieran tratado y estimado, pero como y menos que estiércol de las plazas. Y así han curado de sus vidas y de sus ánimas, y por esto todos los números y cuentos dichos han muerto sin fe y sin sacramentos. Y ésta es una muy notoria y averiguada verdad que todos, aunque sean los tiranos y matadores, la saben y la confiesan: que nunca los indios de todas las Indias hicieron mal alguno a cristianos, antes los tuvieron por venidos del cielo, hasta que primero muchas veces hobieron recebido ellos o sus vecinos muchos males, robos, muertes, violencias y vejaciones dellos mesmos.

DE LA ISLA ESPAÑOLA

En la isla Española, que fue la primera, como dejimos, donde entraron cristianos y comenzaron los grandes estragos y perdiciones destas gentes y que primero destruyeron y despoblaron, comenzando los cristianos a tomar las mujeres e hijos a los indios para servirse y para usar mal dellos y comerles sus comidas que de sus sudores y trabajos salían, no contentándose con lo que los indios les daban de su grado conforme a la facultad que cada uno tenía, que siempre es poca, porque no suelen tener más de lo que ordinariamente han menester y hacen con poco trabajo, y lo que basta para tres casas de a diez personas cada una para un mes, come un cristiano y destruye en un día, y otras muchas fuerzas y violencias y vejaciones que les hacían, comenzaron a entender los indios que aquellos hombres no debían de haber venido del cielo; y algunos escondían sus comidas, otros sus mujeres e hijos, otros huíanse a los montes por apartarse de gente de tan dura y terrible conversación. Los cristianos dábanles de bofetadas y de palos, hasta poner las manos en los señores de los pueblos; y llegó esto a tanta temeridad y desvergüenza que al mayor rey señor de toda la isla, un capitán cristiano le violó por fuerza su propia mujer.

De aquí comenzaron los indios a buscar maneras para echar los cristianos de sus tierras. Pusiéronse en armas, que son harto flacas y de poca ofensión y resistencia y menos defensa (por lo cual todas sus guerras son poco más que acá juegos de cañas y aún de niños). Los cristianos, con sus caballos y espadas y lanzas comienzan a hacer matanzas y crueldades extrañas en ellos. Entraban en los pueblos ni dejaban niños, ni viejos ni mujeres preñadas ni paridas que no desbarrigaban y hacían pedazos, como si dieran en unos corderos metidos en sus apriscos. Hacían apuestas sobre quién de una cuchillada abría el hombre por medio o le cortaba la cabeza de un piquete o le descubría las entrañas. Tomaban las criaturas de las tetas de las madres por las piernas y daban de cabeza con ellas en las peñas. Otros daban con ellas en ríos por las espaldas riendo y burlando, y cayendo en el agua decían: «¿Bullís, cuerpo de tal?» Otras criaturas metían a espada con las madres juntamente y todos cuantos delante de sí hallaban. Hacían unas horcas largas que juntasen casi los pies a la tierra, y de trece en trece, a honor y reverencia de nuestro Redentor y de los doce apóstoles, poniéndoles leña y fuego los quemaban vivos. Otros ataban o liaban todo el cuerpo de paja seca; pegándoles fuego así los quemaban. Otros, y todos los que querían tomar a vida, cortábanles ambas manos y dellas llevaban colgando, y decíanles: «Andad con cartas», conviene a saber: «Llevá las nuevas a las gentes que estaban huidas por los montes».

Comúnmente mataban a los señores y nobles desta manera: que hacían unas parrillas de varas sobre horquetas y atábanlos en ellas y poníanles por debajo fuego manso, para que poco a poco, dando alaridos, en aquellos tormentos desesperados se les salían las ánimas. Una vez vide que teniendo en las parrillas quemándose cuatro o cinco principales señores (y aun pienso que había dos o tres pares de parrillas donde quemaban otros) y porque daban muy grandes gritos y daban pena al capitán o le impidían el sueño, mandó que los ahogasen, y el alguacil, que era peor que verdugo, que los quemaba (y sé cómo se llamaba y aun sus parientes conocí en Sevilla) no quiso ahogallos, antes les metió con sus manos palos en las bocas para que no sonasen, y atizóles el fuego hasta que se asaron de espacio como él quería.

Yo vide todas las cosas arriba dichas y muchas otras infinitas, y porque toda la gente que huir podía se encerraba en los montes y subía a las sierras huyendo de hombres tan inhumanos, tan sin piedad y tan feroces bestias, extirpadores y capitales enemigos del linaje humano, enseñaron y amaestraron lebreles, perros bravísimos que en viendo un indio lo hacían pedazos en un credo, y mejor arremetían a él y lo comían que si fuera un puerco. Estos perros hicieron grandes estragos y carnecerías. Y porque algunas veces, raras y pocas, mataban los indios algunos cristianos con justa razón y santa justicia, hicieron ley entre sí que por un cristiano que los indios matasen habían los cristianos de matar cien indios.

LOS REINOS QUE HABÍA EN LA ISLA ESPAÑOLA

Había en esta isla Española cinco reinos muy grandes principales y cinco reyes muy poderosos, a los cuales cuasi obedecían todos los otros señores, que eran sin número, puesto que algunos señores de algunas apartadas provincias no reconocían superior dellos alguno. El un reino se llamaba Maguá, la última sílaba aguda, que quiere decir el reino de la Vega. Esta vega es de las más insignes y admirables cosas del mundo, porque dura ochenta leguas de la mar del Sur a la del Norte. Tiene de ancho cinco leguas, y ocho, hasta diez, y tierras altísimas de una parte y de otra. Entran en ella sobre treinta mil ríos y arroyos, entre los cuales son los doce tan grandes como Ebro y Duero y Guadalquevir. Y todos los ríos que vienen de la una sierra que está al poniente, que son los veinte y veinte y cinco mil, son riquísimos de oro, en la cual sierra o sierras se contiene la provincia de Cibao, donde se dicen las minas de Cibao, de donde sale aquel señalado y subido en quilates oro que por aquí tiene gran fama.

El rey y señor deste reino se llamaba Guarionex; tenía señores tan grandes por vasallos que juntaba uno dellos diez y seis mil hombres de pelea para servir a Guarionex, y yo conocí a algunos dellos. Este rey Guarionex era muy obediente y virtuoso y naturalmente pacífico y devoto a los reyes de Castilla, y dio ciertos años su gente por su mandado cada persona que tenía casa lo güeco de un cascabel lleno de oro, y después, no pudiendo henchirlo se lo cortaron por medio y dio llena aquella mitad, porque los indios de aquella isla tenían muy poca o ninguna industria de coger o sacar el oro de las minas. Decía y ofrecíase este cacique a servir al rey de Castilla con hacer una labranza que llegase desde la Isabela, que fue la primera población de los cristianos, hasta la ciudad de Santo Domingo, que son grandes cincuenta leguas, porque no le pidiesen oro, porque decía, y con verdad, que no lo sabían coger sus vasallos. La labranza que decía que haría sé yo que la podía hacer, y con grande alegría, y que valiera más al rey cada año de tres cuentos de castellanos, y aun fuera tal que causara esta labranza haber en la isla hoy más de cincuenta ciudades tan grandes como Sevilla.

El pago que dieron a este rey y señor tan bueno y tan grande fue deshonrallo por la mujer, violándosela un capitán mal cristiano. Él, que pudiera aguardar tiempo y juntar de su gente para vengarse, acordó de irse y esconderse sola su persona y morir desterrado de su reino y estado a una provincia que se decía de los Ciguayos, donde era un gran señor su vasallo. Desde que lo hallaron menos los cristianos, no se les pudo encubrir: van y hacen guerra al señor que lo tenía, donde hicieron grandes matanzas hasta que en fin lo hobieron de hallar y prender, y preso con cadenas y grillos lo metieron en una nao para traello a Castilla, la cual se perdió en la mar, y con él muchos cristianos y gran cantidad de oro, entre lo cual pereció el grano grande que era como una hogaza y pesaba tres mil y seiscientos castellanos, por haber Dios venganza de tan grandes sinjusticias.

El otro reino se decía del Marién, donde agora es el Puerto Real, al cabo de la Vega, hacia el norte, y más grande que el reino de Portugal, aunque cierto harto más felice y digno de ser poblado, y de muchas y grandes sierras y minas de oro y cobre muy rico, cuyo rey se llamaba Guacanagarí (última aguda), debajo del cual había muchos y muy grandes señores, de los cuales yo vide y conocí muchos. Y a la tierra déste fue primero a parar el Almirante viejo que descubrió las

Indias. Al cual recibió la primera vez el dicho Guacanagarí cuando descubrió la isla con tanta humanidad y caridad y a todos los cristianos que con él iban, y les hizo tan suave y gracioso recibimiento y socorro y aviamiento (perdiéndosele allí aun la nao en que iba el Almirante) que en su misma patria y de sus mismos padres no lo pudiera recebir mejor. Esto sé por relación y palabras del mismo Almirante. Este rey murió huyendo de las matanzas y crueldades de los cristianos, destruido y privado de su estado, por los montes perdido. Todos los otros señores súbditos suyos murieron en la tiranía y servidumbre que abajo será dicha.

El tercero reino y señorío fue la Maguana, tierra también admirable, sanísima y fertilísima, donde agora se hace la mejor azúcar de aquella isla. El rey dél se llamó Caonabó. Éste, en esfuerzo y estado y gravedad y cerimonias de su servicio excedió a todos los otros. A éste prendieron con una gran sutileza y maldad estando seguro en su casa. Metiéronlo después en un navío para traello a Castilla, y estando en el puerto seis navíos para se partir quiso Dios mostrar ser aquella con las otras grande iniquidad e injusticia y envió aquella noche una tormenta que hundió todos los navíos y ahogó todos los cristianos que en ellos estaban, donde murió el dicho Caonabó cargado de cadenas y grillos. Tenía este señor tres o cuatro hermanos muy varoniles y esforzados como él. Vista la prisión tan injusta de su hermano y señor y las destruiciones y matanzas que los cristianos en los otros reinos hacían, especialmente desde que supieron que el rey su hermano era muerto, pusiéronse en armas para ir a cometer y vengarse de los cristianos. Van los cristianos a ellos con ciertos de caballo (que es la más perniciosa arma que puede ser para entre indios) y hacen tantos estragos y matanzas que asolaron y despoblaron la mitad de todo aquel reino.

El cuarto reino es el que se llamó de Jaraguá. Éste era como el meollo o medula o como la corte de toda aquella isla. Excedía en la lengua y habla ser más polida, en la policía y crianza más ordenada y compuesta, en la muchedumbre de la nobleza y generosidad, porque había muchos y en gran cantidad señores y nobles, y en la lindeza y hermosura de toda la gente, a todos los otros. El rey y señor dél se llamaba Behechio. Tenía una hermana que se llamaba Anacaona. Estos dos hermanos hicieron grandes servicios a los reyes de Castilla e inmensos beneficios a los cristianos, librándolos de muchos peligros de muerte, y después de muerto el rey Behechio quedó en el reino por señora Anacaona. Aquí llegó una vez el gobernador que gobernaba esta isla con sesenta de caballo y más trecientos peones, que los de caballo solos bastaban para asolar a toda la isla y la tierra firme, y llegáronse más de trecientos señores a su llamado, seguros, de los cuales hizo meter dentro de una casa de paja muy grande los más señores por engaño, y metidos les mandó poner fuego y los quemaron vivos. A todos los otros alancearon y metieron a espada con infinita gente, y a la señora Anacaona, por hacelle honra, ahorcaron. Y acaecía algunos cristianos, o por piedad o por cudicia tomar algunos niños para mamparallos, no los matasen, y poníanlos a las ancas de los caballos; venía otro español por detrás y pasábalo con su lanza. Otro, si estaba el niño en el suelo, le cortaba las piernas con el espada. Alguna gente que pudo huir desta tan inhumana crueldad pasáronse a una isla pequeña que está cerca de allí ocho leguas en la mar, y el dicho gobernador condenó a todos estos que allí se pasaron que fuesen esclavos porque huyeron de la carnicería.

El quinto reino se llamaba Higüey, y señoreábalo una reina vieja que se llamó Higuanamá. A ésta ahorcaron, y fueron infinitas las gentes que yo vide quemar vivas y despedazar y atormentar por diversas y nuevas maneras de muertes y tormentos y hacer esclavos todos los que a vida tomaron.

Y porque son tantas las particularidades que en estas matanzas y perdiciones de aquellas gentes ha habido, que en mucha escritura no podrían caber (porque en verdad que creo que por mucho que dijese no pueda explicar de mil partes una) sólo quiero en lo de las guerras susodichas concluir con decir y afirmar que en Dios y en mi conciencia que tengo por cierto que para hacer todas las injusticias y maldades dichas y las otras que dejo y podría decir, no dieron más causa los indios ni tuvieron más culpa que podrían dar o tener un convento de buenos y concertados religiosos para roballos y matallos y los que de la muerte quedasen vivos ponerlos en perpetuo cativerio y servidumbre de esclavos. Y más afirmo: que hasta que todas las muchedumbres de gentes de aquella isla fueron muertas y asoladas (que pueda yo creer y conjeturar) no cometieron contra los cristianos un solo pecado mortal que fuese punible por hombres. Y los que solamente son reservados a Dios, como son los deseos de venganza, odio y rancor que podían tener aquellas gentes contra tan capitales enemigos como les fueron los cristianos, éstos creo que cayeron en muy pocas personas de los indios; y eran poco más impetuosos y rigurosos, por la mucha experiencia que dellos tengo, que de niños o muchachos de diez o doce años. Y sé por cierta e infalible ciencia que los indios tuvieron siempre justísima guerra contra los cristianos, y los cristianos una ni ninguna: nunca tuvieron justa contra los indios; antes fueron todas diabólicas e injustísimas y mucho más que de ningún tirano se puede decir del mundo, y lo mismo afirmo de cuantas han hecho en todas las Indias.

Después de acabadas las guerras y muertos en ellas todos los hombres, quedando comúnmente los mancebos y mujeres y niños, repartiéronlos entre sí, dando a uno treinta, a otro cuarenta, a otro ciento y docientos (según la gracia que cada uno alcanzaba con el tirano mayor, que decían gobernador), y así repartidos a cada cristiano dábanselos con esta color: que los enseñase en las cosas de la fe católica, siendo comúnmente todos ellos idiotas y hombres crueles, avarísimos y viciosos, haciéndolos curas de ánimas. Y la cura o cuidado que dellos tuvieron fue enviar los hombres a las minas a sacar oro, que es trabajo intolerable, y las mujeres ponían en las estancias, que son granjas, a cavar las labranzas y cultivar la tierra, trabajo para hombres muy fuertes y recios. No daban a los unos ni a las otras de comer sino yerbas y cosas que no tenían sustancia; secábaseles la leche de las tetas a las mujeres paridas, y así murieron en breve todas las criaturas; y por estar los maridos apartados, que nunca vían a las mujeres, cesó entre ellos la generación. Murieron ellos en las minas de trabajos y hambre, y ellas en las estancias o granjas de lo mesmo, y así se acabaron tantas y tales multitúdines de gentes de aquella isla, y así se pudiera haber acabado todas las del mundo. Decir las cargas que les echaban de tres y cuatro arrobas, y los llevaban ciento y docientas leguas. Y los mesmos cristianos se hacían llevar en hamacas, que son como redes, a cuestas de los indios, porque siempre usaron dellos como de bestias para cargas. Tenían mataduras en los hombros y espaldas de las cargas, como muy matadas bestias. Decir asimesmo los azotes, palos, bofetadas, puñadas, maldiciones y otros mil géneros de tormentos que en los trabajos les daban, en verdad que en mucho tiempo ni papel no se pudiese decir, y que fuese para espantar los hombres.

Y es de notar que la perdición destas islas y tierras se comenzaron a perder y destruir desde que allá se supo la muerte de la serenísima reina doña Isabel, que fue el año de mil y quinientos y cuatro, porque hasta entonces solo en esta isla se habían destruido algunas provincias por guerras injustas, pero no del todo. Y éstas por la mayor parte y cuasi todas se le encubrieron a la Reina, porque la Reina, que haya santa gloria, tenía grandísimo cuidado y admirable celo a la salvación y prosperidad de aquellas gentes, como sabemos los que lo vimos y palpamos con nuestros ojos y manos los ejemplos desto. Débese de notar otra regla en esto: que en todas las partes de las Indias donde han ido y pasado cristianos siempre hicieron en los indios todas las crueldades susodichas y matanzas y tiranías y opresiones abominables en aquellas inocentes gentes, y añidían muchas más y mayores y más nuevas maneras de tormentos, y más crueles siempre fueron, porque los dejaba Dios más de golpe caer y derrocarse en reprobado juicio o sentimiento.

DE LAS DOS ISLAS DE SAN JUAN Y JAMAICA

Pasaron a la isla de San Juan y a la de Jamaica (que eran unas huertas y unas colmenas) el año de mil y quinientos y nueve los españoles, con el fin y propósito que fueron a la Española, los cuales hicieron y cometieron los grandes insultos y pecados susodichos, y añidieron muchas señaladas y grandísimas crueldades más, matando y quemando y asando y echando a perros bravos, y después oprimiendo y atormentando y vejando en las minas y en los otros trabajos hasta consumir y acabar todos aquellos infelices inocentes, que había en las dichas dos islas más de seiscientas mil ánimas, y creo que más de un cuento, y no hay hoy en cada una docientas personas, todas perecidas sin fe y sin sacramentos.

DE LA ISLA DE CUBA

El año de mil y quinientos y once pasaron a la isla de Cuba, que es, como dije, tan luenga como de Valladolid a Roma, donde había grandes provincias de gentes. Comenzaron y acabaron de las maneras susodichas y mucho más y más cruelmente. Aquí acaecieron cosas muy señaladas. Un cacique y señor muy principal que por nombre tenía Hatuey, que se había pasado de la isla Española a Cuba con mucha de su gente por huir de las calamidades e inhumanas obras de los cristianos, y estando en aquella isla de Cuba y dándole nuevas ciertos indios que pasaban a ella los cristianos, ayuntó mucha o toda su gente y díjoles: «Ya sabéis cómo se dice que los cristianos pasan acá, y tenéis experiencia qué les han parado a los señores fulano y fulano y fulano y a aquellas gentes de Haití (que es la Española). Lo mesmo vienen a hacer acá. ¿Sabéis quizá por qué lo hacen?». Dijeron: «No, sino porque son de su natura crueles y malos». Dice él: «No lo hacen por sólo eso, sino porque tienen un dios a quien ellos adoran y quieren mucho, y por habello de nosotros para lo adorar nos trabajan de sojuzgar y nos matan». Tenía cabe sí una cestilla llena de oro en joyas, y dijo: «Veis aquí el dios de los cristianos; hagámosle, si os parece, areítos (que son bailes y danzas) y quizá le agradaremos y les mandará que no nos hagan mal». Dijeron todos a voces: «Bien es, bien es». Bailáronle delante hasta que todos se cansaron, y después dice el señor Hatuey: «Mirá, como quiera que sea, si lo guardamos, para sacárnoslo al fin nos han de matar: echémoslo en este río». Todos votaron que así se hiciese y así lo echaron en un río grande que allí estaba.

Este cacique y señor anduvo siempre huyendo de los cristianos desde que llegaron a aquella isla de Cuba, como quien los conocía, y defendíase cuando los topaba, y al fin lo prendieron. Y sólo porque huía de gente tan inicua y cruel y se defendía de quien lo quería matar y oprimir hasta la muerte a sí y a toda su gente y generación, lo hobieron vivo de quemar. Atado al palo decíale un religioso de San Francisco, santo varón que allí estaba, algunas cosas de Dios y de nuestra fe (el cual nunca las había jamás oído), lo que podía bastar aquel poquillo tiempo que los verdugos le daban, y que si quería creer aquello que le decía, que iría al cielo, donde había gloria y eterno descanso, y si no, que había de ir al infierno a padecer perpetuos tormentos y penas. Él, pensando un poco, preguntó al religioso si iban cristianos al cielo. El religioso le respondió que sí, pero que iban los que eran buenos. Dijo luego el cacique, sin más pensar, que no quería él ir allá, sino al infierno, por no estar donde estuviesen y por no ver tan cruel gente. Ésta es la fama y honra que Dios y nuestra fe ha ganado con los cristianos que han ido a las Indias.

Una vez, saliéndonos a recebir con mantenimientos y regalos diez leguas de un gran pueblo y llegados allá nos dieron gran cantidad de pescado y pan y comida, con todo lo que más pudieron. Súbitamente se les revistió el diablo a los cristianos, y meten a cuchillo en mi presencia (sin motivo ni causa que tuviesen) más de tres mil ánimas que estaban sentados delante de nosotros, hombres y mujeres y niños. Allí vide tan grandes crueldades que nunca los vivos tal vieron ni pensaron ver.

Otra vez, desde a pocos días, envié yo mensajeros asegurando que no temiesen a todos los señores de la provincia de La Habana, porque tenían por oídas de mí crédito, que no se ausentasen, sino que nos saliesen a recebir, que no se les haría mal ninguno (porque de las matanzas pasadas estaba toda la tierra asombrada), y esto hice con parecer del capitán, y llegados a la provincia saliéronnos a recebir veinte y un señores y caciques, y luego los prendió el capitán, quebrantando el seguro que yo les había dado, y los quería quemar vivos otro día, diciendo que era bien porque aquellos señores algún tiempo habían de hacer algún mal. Vídeme en muy gran trabajo quitallos de la hoguera, pero al fin se escaparon.

Después de que todos los indios de la tierra desta isla fueron puestos en la servidumbre y calamidad de los de la Española, viéndose morir y perecer sin remedio, todos comenzaron unos a huir a los montes, otros a ahorcarse de desesperados, y ahorcábanse maridos y mujeres y consigo ahorcaban los hijos, y por las crueldades de un español muy tirano que yo conocí se ahorcaron más de docientos indios. Pereció desta manera infinita gente. Oficial del rey hobo en esta isla que le dieron de repartimiento trecientos indios y a cabo de tres meses había muerto en los trabajos de las minas los docientos y setenta, que no le quedaron de todos sino treinta, que fue el diezmo.

Después le dieron otros tantos y más y también los mató, y dábanle y más mataba, hasta que se murió y el diablo le llevó el alma.

En tres o cuatro meses, estando yo presente, murieron de hambre por llevalles los padres y las madres a las minas más de siete mil niños. Otras cosas vide espantables. Después acordaron de ir a montear los indios que estaban por los montes, donde hicieron estragos admirables, y así asolaron y despoblaron toda aquella isla, la cual vimos agora poco ha y es una gran lástima y compasión verla yermada y hecha toda una soledad.

DE LA TIERRA FIRME

El año de mil y quinientos y catorce pasó a la Tierra Firme un infelice gobernador, crudelísimo tirano, sin alguna piedad ni aun prudencia, como un instrumento del furor divino, muy de propósito para poblar en aquella tierra con mucha gente de españoles. Y aunque algunos tiranos habían ido a la Tierra Firme y habían robado y matado y escandalizado mucha gente, pero había sido a la costa de la mar, salteando y robando lo que podían. Mas éste excedió a todos los otros que antes dél habían ido y a los de todas las islas, y sus hechos nefarios a todas las abominaciones pasadas. No sólo a la costa de la mar, pero grandes tierras y reinos despobló y mató, echando inmensas gentes que en ellos había a los infiernos. Éste despobló desde muchas leguas arriba del Darién hasta el reino y provincias de Nicaragua inclusive, que son más de quinientas leguas, y la mejor y más felice y poblada tierra que se cree haber en el mundo, donde había muy muchos grandes señores, infinitas y grandes poblaciones, grandísimas riquezas de oro, porque hasta aquel tiempo en ninguna parte había parecido sobre la tierra tanto, porque aunque de la isla Española se había henchido casi España de oro y de más fino oro, pero había sido sacado con los indios de las entrañas de la tierra de las minas dichas, donde, como se dijo, murieron.

Este gobernador y su gente inventó nuevas maneras de crueldades y de dar tormentos a los indios por que descubriesen y les diesen oro. Capitán hubo suyo que en una entrada que hizo por mandado dél para robar y extirpar gentes mató sobre cuarenta mil ánimas, que vido por sus ojos un religioso de San Francisco que con él iba que se llamaba fray Francisco de San Román, metiéndolos a espada, quemándolos vivos y echándolos a perros bravos y atormentándolos con diversos tormentos.

Y porque la ceguedad perniciosísima que siempre han tenido hasta hoy los que han regido las Indias en disponer y ordenar la conversión y salvación de aquellas gentes, la cual siempre han pospuesto (con verdad se dice esto) en la obra y efecto, puesto que por palabra hayan mostrado y colorado o disimulado otra cosa, ha llegado a tanta profundidad que hayan imaginado y practicado y mandado que se les hagan a los indios requerimientos que vengan a la fe y a dar la obediencia a los reyes de Castilla; si no, que les harán guerra a fuego y a sangre y los matarán y cativarán, etc. Como si el hijo de Dios que murió por cada uno dellos hobiera en su ley mandado cuando dijo: «Euntes docete omnes gentes» que se hiciesen requerimientos a los infieles pacíficos y quietos y que tienen sus tierras propias; y si no la recibiesen luego sin otra predicación y doctrina, y si no se diesen a sí mesmos al señorío del rey que nunca oyeron ni vieron especialmente, cuya gente y mensajeros son tan crueles, tan desapiadados y tan horribles tiranos, perdiesen por el mesmo caso la hacienda y las tierras, la libertad, las mujeres e hijos con todas sus vidas, que es cosa absurda y estulta y digna de todo vituperio y escarnio e infierno.

Así que, como llevase aquel triste y malaventurado gobernador instrucción que hiciese los dichos requerimientos, para más justificallos (siendo ellos de sí mesmos absurdos, irracionables e injustísimos) mandaba, o los ladrones que enviaba lo hacían cuando acordaban de ir a saltear y robar algún pueblo de que tenían noticia tener oro, estando los indios en sus pueblos y casas seguros, íbanse de noche los tristes españoles salteadores hasta media legua del pueblo, y allí aquella noche entre sí mesmos apregonaban o leían el dicho requerimiento, diciendo: «Caciques e indios desta tierra firme de tal pueblo, hacemos os saber que hay un Dios y un Papa y un rey de Castilla que es señor de estas tierras: venid luego a le dar la obediencia, etc. Y si no, sabed que os haremos guerra y mataremos y cativaremos, etc.». Y al cuarto del alba, estando los inocentes durmiendo con sus mujeres e hijos, daban en el pueblo poniendo fuego a las casas, que comúnmente eran de paja, y quemaban vivos los niños y mujeres y muchos de los demás antes que acordasen. Mataban los que querían, y los que tomaban a vida mataban a tormentos por que dijesen de otros pueblos de oro o de más oro de lo que allí hallaban, y los que restaban herrábanlos por esclavos. Iban después, acabado o apagado el fuego, a buscar el oro que había en las casas.

Desta manera y en estas obras se ocupó aquel hombre perdido con todos los malos cristianos que llevó desde el año de catorce hasta el año de veinte y uno o veinte y dos, enviando en aquellas entradas cinco y seis y más criados, por los cuales le daban tantas partes (allende de la que le cabía por capitán general) de todo el oro y perlas y joyas que robaban y de los esclavos que hacían. Lo mesmo hacían los oficiales del rey, enviando cada uno los más mozos o criados que podía; y el obispo primero de aquel reino enviaba también sus criados por tener su parte en aquella granjería. Más oro robaron en aquel tiempo de aquel reino (a lo que yo puedo juzgar) de un millón de castellanos, y creo que me acorto, y no se hallará que enviaron al rey sino tres mil castellanos de todo aquello robado, y más gentes destruyeron de ochocientas mil ánimas. Los otros tiranos gobernadores que allí sucedieron hasta el año de treinta y tres mataron y consintieron matar, con la tiránica servidumbre que a las guerras sucedió, los que restaban.

Entre infinitas maldades que éste hizo y consintió hacer el tiempo que gobernó, fue que dándole un cacique o señor de su voluntad o por miedo (como más es verdad) nueve mil castellanos, no contentos con esto prendieron al dicho señor y átanlo a un palo sentado en el suelo y, extendidos los pies, pónenle fuego a ellos porque diese más oro, y él envió a su casa y trajeron otros tres mil castellanos; tórnanle a dar tormentos y, él no dando más oro porque no lo tenía o porque no lo quería dar, tuviéronle de aquella manera hasta que los tuétanos le salieron por las plantas, y así murió. Y déstos fueron infinitas veces las que a señores mataron y atormentaron por sacalles oro.

Otra vez, yendo a saltear cierta capitanía de españoles, llegaron a un monte donde estaba recogida y escondida por huir de tan pestilenciales y horribles obras de los cristianos mucha gente, y dando de súbito sobre ella, tomaron setenta o ochenta doncellas y mujeres, muertos muchos que pudieron matar. Otro día juntáronse muchos indios e iban tras los cristianos peleando, por el ansia de sus mujeres e hijas; y viéndose los cristianos apretados, no quisieron soltar la cabalgada, sino meten las espadas por las barrigas de las muchachas y mujeres, y no dejaron de todas ochenta una viva. Los indios, que se les rasgaban las entrañas de dolor, daban gritos y decían: «Oh, malos hombres, crueles cristianos, ¿a las iras matáis?». Ira llaman en aquella tierra a las mujeres, cuasi diciendo: «Matar las mujeres señal es de abominables y crueles hombres bestiales».

A diez o quince leguas de Panamá estaba un gran señor que se llamaba Paris, y muy rico de oro. Fueron allá los cristianos y recibiólos como si fueran hermanos suyos, y presentó al capitán cincuenta mil castellanos de su voluntad. El capitán y los cristianos parecióles que quien daba aquella cantidad de su gracia que debía de tener mucho tesoro, que era el fin y consuelo de sus trabajos; disimularon y dicen que se quieren partir, y tornan al cuarto del alba y dan sobre seguro en el pueblo, quémanlo con fuego que pusieron, mataron y quemaron mucha gente, y robaron cincuenta o sesenta mil castellanos otros, y el cacique o señor escapóse, que no le mataron o prendieron. Juntó presto la más gente que pudo y a cabo de dos o tres días alcanzó los cristianos, que llevaban sus ciento y treinta o cuarenta mil castellanos y da en ellos varonilmente y mata cincuenta cristianos y tómales todo el oro, escapándose los otros huyendo y bien heridos. Después tornan muchos cristianos sobre el dicho cacique y asoláronlo a él y a infinita de su gente, y los demás pusieron y mataron en la ordinaria servidumbre. Por manera que no hay hoy vestigio ni señal de que haya habido allí pueblo ni hombre nacido, teniendo treinta leguas llenas de gente de señorío. Déstas no tienen cuento las matanzas y perdiciones que aquel mísero hombre, con su compañía, en aquellos reinos que despobló hizo.

DE LA PROVINCIA DE NICARAGUA

El año de mil y quinientos y veinte y dos o veinte y tres pasó este tirano a sojuzgar la felicísima provincia de Nicaragua, el cual entró en ella en triste hora. Desta provincia, ¿quién podrá encarecer la felicidad, sanidad, amenidad y prosperidad y frecuencia y población de gente suya? Era cosa verdaderamente de admiración ver cuán poblada de pueblos que cuasi duraban tres y cuatro leguas en luengo, llenos de admirables frutales, que causaba ser inmensa la gente. A estas gentes, porque era la tierra llana y rasa que no podían asconderse en los montes y deleitosa, que con mucha angustia y dificultad osaban dejarla (por lo cual sufrían y sufrieron grandes persecuciones y cuanto les era posible toleraban las tiranías y servidumbre de los cristianos), y porque de su natura era gente muy mansa y pacífica, hízoles aquel tirano con sus tiranos compañeros que fueron con él (todos los que a todo el otro reino le habían ayudado a destruir) tantos daños, tantas matanzas, tantas crueldades, tantos cativerios y sinjusticias que no podría lengua humana decirlo.

Enviaba 50 de caballo y hacía alancear toda una provincia mayor que el condado de Rusellón, que no dejaba hombre ni mujer ni viejo ni niño a vida por muy liviana cosa, así como porque no venían tan presto a su llamado o no le traían tantas cargas de maíz, que es el trigo de allá, o tantos indios para que sirviesen a él o a otro de los de su compañía, porque como era la tierra llana no podía huir de los caballos ninguno, ni de su ira infernal.

Enviaba españoles a hacer entradas, que es ir a saltear indios a otras provincias, y dejaba llevar a los salteadores cuantos indios querían de los pueblos pacíficos y que les servían, los cuales echaban en cadenas por que no les dejasen las cargas de tres arrobas que les echaban a cuestas. Y acaeció vez de muchas que esto hizo que de cuatro mil indios no volvieron seis vivos a sus casas, que todos los dejaban muertos por los caminos. Y cuando algunos cansaban y se despeaban de las grandes cargas y enfermaban de hambre y trabajo y flaqueza, por no desensartarlos de las cadenas les cortaban por la collera la cabeza y caía la cabeza a un cabo y el cuerpo a otro. Véase qué sentirían los otros. Y así, cuando se ordenaban semejantes romerías, como tenían experiencia los indios de que ninguno volvía, cuando salían iban llorando y sospirando los indios, y diciendo: «Aquellos son los caminos por donde íbamos a servir a los cristianos, y aunque trabajábamos mucho, en fin volvíamos a cabo de algún tiempo a nuestras casas y a nuestras mujeres e hijos, pero agora vamos sin esperanza de nunca jamás volver ni verlos, ni de tener más vida».

Una vez, porque quiso hacer nuevo repartimiento de los indios, porque se le antojó (y aun dicen que por quitar los indios a quien no quería bien y dallos a quien le parecía) fue causa que los indios no sembrasen una sementera, y como no hubo pan, los cristianos tomaron a los indios cuanto maíz tenían para mantener a sí y a sus hijos, por lo cual murieron de hambre más de veinte o treinta mil ánimas, y acaeció mujer matar su hijo para comello, de hambre.

Como los pueblos que tenían eran todos una muy graciosa huerta cada uno, como se dijo, aposentáronse en ellos los cristianos cada uno en el pueblo que le repartían o, como dicen ellos, le encomendaban, y hacía en él sus labranzas manteniéndose de las comidas pobres de los indios, y así les tomaron sus particulares tierras y heredades de que se mantenían. Por manera que tenían los españoles dentro de sus mesmas casas todos los indios: señores, viejos, mujeres y niños, y a todos hacen que les sirvan noches y días sin holganza; hasta los niños, cuan presto pueden tenerse en los pies, los ocupaban en lo que cada uno puede hacer y más de lo que puede, y así los han consumido y consumen hoy los pocos que han restado, no teniendo ni dejándoles tener casa ni cosa propia, en lo cual aun exceden a las injusticias en este género que en la Española se hacían.

Han fatigado y opreso y sido causa de su acelerada muerte de muchas gentes en esta provincia, haciéndoles llevar la tablazón y madera de treinta leguas al puerto para hacer navíos, y enviallos a buscar miel y cera por los montes, donde los comen los tigres, y han cargado y cargan hoy las mujeres preñadas y paridas como a bestias.

La pestilencia más horrible que principalmente ha asolado aquella provincia ha sido la licencia que aquel gobernador dio a los españoles para pedir esclavos a los caciques y señores de los pueblos. Pedía cada cuatro o cinco meses (o cada vez que cada uno alcanzaba la gracia o licencia del dicho gobernador) al cacique cincuenta esclavos, con amenazas que si no los daban lo habían de quemar vivo o echar a los perros bravos. Como los indios comúnmente no tienen esclavos, cuando mucho un cacique tiene dos o tres o cuatro, iban los señores por su pueblo y tomaban lo primero todos los huérfanos, y después pedía a quien tenía dos hijos uno, y quien tres, dos; y desta manera cumplía el cacique el número que el tirano le pedía, con grandes alaridos y llantos del pueblo, porque son las gentes que más parece que aman a sus hijos. Como esto se hacía tantas veces, asolaron desde el año de veinte y tres hasta el año de treinta y tres todo aquel reino, porque anduvieron seis o siete años cinco o seis navíos al trato, llevando todas aquellas muchedumbres de indios a vender por esclavos a Panamá y al Perú, donde todos son muertos, porque es averiguado y experimentado millares de veces que sacando los indios de sus tierras naturales, luego mueren más fácilmente, porque siempre no les dan de comer, y no les quitan nada de los trabajos, como no los vendan ni los otros los compren sino para trabajar. Desta manera han sacado de aquella provincia indios hechos esclavos, siendo tan libres como yo, más de quinientas mil almas.

Por las guerras infernales que los españoles les han hecho y por el cativerio horrible en que los pusieron, más han muerto de otras quinientas y seiscientas mil personas hasta hoy, y hoy los matan. En obra de catorce años todos estos estragos se han hecho. Habrá hoy en toda la dicha provincia de Nicaragua obra de cuatro o cinco mil personas, las cuales matan cada día con los servicios y opresiones cotidianas y personales, siendo, como se dijo, una dc las pobladas del mundo.

DE LA NUEVA ESPAÑA

En el año de mil y quinientos y diez y siete se descubrió la Nueva España y en el descubrimiento se hicieron grandes escándalos en los indios y algunas muertes por los que la descubrieron. En el año de mil y quinientos y diez y ocho la fueron a robar y a matar los que se llaman cristianos, aunque ellos dicen que van a poblar. Y desde este año de diez y ocho hasta el día de hoy, que estamos en el año de mil y quinientos y cuarenta y dos, ha rebosado y llegado a su colmo toda la iniquidad, toda la injusticia, toda la violencia y tiranía que los cristianos han hecho en las Indias, porque del todo han perdido todo temor a Dios y al rey, y se han olvidado de sí mesmos, porque son tantos y tales los estragos y crueldades, matanzas y destruiciones, despoblaciones, robos, violencias y tiranías, y en tantos y tales reinos de la gran tierra firme que todas las cosas que hemos dicho son nada en comparación de las que se hicieron, pero aunque las dijéramos todas, que son infinitas las que dejamos de decir, no son comparables ni en número ni en gravedad a las que desde el dicho año de mil y quinientos y diez y ocho se han hecho y perpetrado hasta este día y año de mil y quinientos y cuarenta y dos, y hoy en este día del mes de setiembre se hacen y cometen las más graves y abominables, porque sea verdad la regla que arriba pusimos, que siempre desde el principio han ido creciendo en mayores desafueros y obras infernales.

Así que desde la entrada de la Nueva España, que fue a dieciocho de abril del dicho año de dieciocho, hasta el año de treinta, que fueron doce años enteros, duraron las matanzas y estragos que las sangrientas y crueles manos y espadas de los españoles hicieron continuamente en cuatrocientas y cincuenta leguas en torno cuasi de la ciudad de México y a su rededor, donde cabrán cuatro y cinco grandes reinos, tan grandes y harto más felices que España. Estas tierras todas eran las más pobladas y llenas de gentes que Toledo y Sevilla y Valladolid y Zaragoza juntamente con Barcelona, porque no hay ni hubo jamás tanta población en estas ciudades, cuando más pobladas estuvieron, que Dios puso y que había en todas las dichas leguas que para andallas en torno se han de andar más de mil y ochocientas leguas. Más han muerto los españoles dentro de los doce años dichos en las dichas cuatrocientas y cincuenta leguas, a cuchillos y a lanzadas y quemándolos vivos, mujeres y niños y mozos y viejos, de cuatro cuentos de ánimas, mientra que duraron (como dicho es) lo que ellos llaman conquistas, siendo invasiones violentas de crueles tiranos, condenadas no sólo por la ley de Dios, pero por todas las leyes humanas, como lo son, y muy peores que las que hace el turco para destruir la Iglesia cristiana. Y esto sin los que han muerto y matan cada día en la susodicha tiránica servidumbre, vejaciones y opresiones cotidianas.

Particularmente no podrá bastar lengua ni noticia e industria humana a referir los hechos espantables que en distintas partes y juntos en un tiempo en unas, y varios en varias, por aquellos hostes públicos y capitales enemigos del linaje humano se han hecho dentro de aquel dicho circuito; y aun algunos hechos, según las circunstancias y calidades que los agravian, en verdad que cumplidamente apenas con mucha diligencia y tiempo y escritura no se pueda explicar, pero alguna cosa de algunas partes diré, con protestación y juramento de que no pienso que explicaré una de mil partes.

Entre otras matanzas hicieron ésta en una ciudad grande de más de treinta mil vecinos que se llama Cholula, que saliendo a recebir todos los señores de la tierra y comarca, y primero todos los sacerdotes con el sacerdote mayor a los cristianos en procesión y con grande acatamiento y reverencia y llevándolos en medio a aposentar a la ciudad y a las casas de aposentos del señor o señores della principales, acordaron los españoles de hacer allí una matanza o castigo (como ellos dicen) para poner y sembrar su temor y braveza en todos los rincones de aquellas tierras. Porque siempre fue esta su determinación en todas las tierras que los españoles han entrado, conviene a saber: hacer una cruel y señalada matanza porque tiemblen dellos aquellas ovejas mansas. Así que enviaron para esto primero a llamar todos los señores y nobles de la ciudad y de todos los lugares a ella sujetos, con el señor principal, y así como venían y entraban a hablar al capitán de los españoles, luego eran presos sin que nadie los sintiese que pudiese llevar las nuevas. Habíanles pedido cinco o seis mil indios que les llevasen las cargas; vinieron todos luego y métenlos en el patio de las casas. Ver a estos indios cuando se aparejan para llevar las cargas de los españoles es haber dellos una gran compasión y lástima, porque vienen desnudos en cueros, solamente cubiertas sus vergüenzas, y con unas redecillas en el hombro con su pobre comida; pónense todos en cuclillas, como unos corderos muy mansos, todos ayuntados y juntos en el patio con otras gentes que a vueltas estaban; pónense a las puertas del patio españoles armados que guardasen, y todos los demás echan mano a sus espadas y meten a espada y a lanzadas todas aquellas ovejas que uno ni ninguno pudo escaparse que no fuese trucidado. A cabo de dos o tres días salían muchos indios vivos llenos de sangre, que se habían escondido y amparado debajo de los muertos (como eran tantos), y van llorando ante los españoles pidiendo misericordia que no los matasen, de los cuales ninguna misericordia ni compasión hobieron, antes así como salían los hacían pedazos. A todos los señores, que eran más de ciento y que tenían atados, mandó el capitán sacar y quemar vivos en palos hincados en la tierra. Pero un señor, y quizá era el principal y rey de aquella tierra, pudo soltarse y recogióse con otros veinte o treinta o cuarenta hombres al templo grande que allí tenían, el cual era como fortaleza, que llamaban cuu, y allí se defendió gran rato del día. Pero los españoles, a quien no se les ampara nada, mayormente en estas gentes desarmadas, pusieron fuego al templo y allí los quemaron dando voces: «¡Oh, malos hombres! ¿Qué os hemos hecho?, ¿por qué nos matáis? Andad, que a México iréis, donde nuestro universal señor Motenzuma de vosotros nos hará venganza». Dícese que estando metiendo a espada los cinco o seis mil hombres en el patio estaba cantando el capitán de los españoles:

Mira Nero de Tarpeya
a Roma cómo se ardía.
Gritos dan niños y viejos
y él de nada se dolía.

Otra gran matanza hicieron en la ciudad de Tepeaca, que era mucho mayor y de más vecinos y gente que la dicha, donde mataron a espada infinita gente con grandes particularidades de crueldad.

De Cholula caminaron hacia México, y enviándoles el gran rey Motenzuma millares de presentes y señores y gentes y fiestas al camino, y a la entrada de la calzada de México, que es a dos leguas, envióles a su mesmo hermano acompañado de muchos grandes señores y grandes presentes de oro y plata y ropas. Y a la entrada de la ciudad, saliendo él mesmo en persona en unas andas de oro con toda su gran corte a recebirlos y acompañándolos hasta los palacios en que los había mandado aposentar, aquel mesmo día, según me dijeron algunos de los que allí se hallaron, con cierta disimulación, estando seguro, prendieron al gran rey Motenzuma y pusieron ochenta hombres que le guardasen. Y después echáronlo en grillos.

Pero dejado todo esto, en que había grandes y muchas cosas que contar, sólo quiero decir una señalada que allí aquellos tiranos hicieron: yéndose el capitán de los españoles al puerto de la mar a prender a otro cierto capitán que venía contra él y dejado cierto capitán, creo que con ciento o pocos más hombres que guardasen al rey Motenzuma, acordaron aquellos españoles de cometer otra cosa señalada para acrecentar su miedo en toda la tierra, industria, como dije, de que muchas veces han usado. Los indios y gente y señores de toda la ciudad y corte de Motenzuma no se ocupaban en otra cosa sino en dar placer a su señor preso, y entre otras fiestas que le hacían era en las tardes hacer por todos los barrios y plazas de la ciudad los bailes y danzas que acostumbran y que llaman ellos mitotes, como en las islas llaman areítos, donde sacan todas sus galas y riquezas, y con ellas se empluman todos, porque es la principal manera de fiestas suyas y regocijo; y los más nobles y caballeros y de sangre real, según sus grados, hacían sus bailes y fiestas más cercanas a las casas donde estaba preso su señor. En la más propincua parte a los dichos palacios estaban sobre dos mil hijos de señores, que era toda la flor y nata de la nobleza de todo el imperio de Motenzuma. A éstos fue el capitán de los españoles con una cuadrilla dellos, y envió otras cuadrillas a todas las otras partes de la ciudad donde hacían las dichas fiestas, disimulados como que iban a verlas, y mandó que a cierta hora todos diesen en ellos. Fue él, y estando embebidos y seguros en sus bailes, dice «¡Santiago y a ellos!». Y comienzan con las espadas desnudas a abrir aquellos cuerpos desnudos y delicados y a derramar aquella generosa sangre, que uno no dejaron a vida. Lo mesmo hicieron los otros en las otras plazas. Fue una cosa ésta que a todos aquellos reinos y gentes puso en pasmo y angustia y luto, e hinchó de amargura y dolor; y de aquí a que se acabe el mundo o ellos del todo se acaben, no dejarán de lamentar y cantar en sus areítos y bailes como en romances (que acá decimos) aquella calamidad y pérdida de la sucesión de toda su nobleza, de que se preciaban de tantos años atrás.

Vista por los indios cosa tan injusta y crueldad tan nunca vista en tantos inocentes sin culpa perpetrada, los que habían sufrido con tolerancia la prisión no menos injusta de su universal señor, porque él mesmo se lo mandaba que no acometiesen ni guerreasen a los cristianos, entonces pónense en armas toda la ciudad y vienen sobre ellos y, heridos muchos de los españoles, apenas se pudieron escapar. Ponen un puñal a los pechos al preso Motenzuma, que se pusiese a los corredores y mandase que los indios no combatiesen la casa, sino que se pusiesen en paz. Ellos no curaron entonces de obedecelle en nada, antes platicaban de elegir otro señor y capitán que guiase sus batallas. Y porque ya volvía el capitán que había ido al puerto con victoria y traía muchos más cristianos y venía cerca, cesaron el combate obra de tres o cuatro días hasta que entró en la ciudad. Él entrado, ayuntada infinita gente de toda la tierra, combaten a todos juntos de tal manera y tantos días que, temiendo todos morir, acordaron una noche salir de la ciudad. Sabido por los indios, mataron gran cantidad de cristianos en las puentes de la laguna, con justísima y santa guerra, por las causas justísimas que tuvieron, como dicho es, las cuales cualquiera que fuese razonable y justo las justificara. Sucedió después el combate de la ciudad, reformados los cristianos, donde hicieron estragos en los indios admirables y extraños, matando infinitas gentes y quemando vivos muchos y grandes señores.

Después de las tiranías grandísimas y abominables que éstos hicieron en la ciudad de México y en las ciudades y tierra mucha (que por aquellos alderredores diez y quince y veinte leguas de México, donde fueron muertas infinitas gentes), pasó adelante esta su tiránica pestilencia y fue a cundir e inficionar y asolar a la provincia de Pánuco, que era una cosa admirable la multitud de las gentes que tenía y los estragos y matanzas que allí hicieron. Después destruyen por la mesma manera la provincia de Tututepeque y después la provincia de Ipilcingo, y después la de Colima, que cada una es más tierra que el reino de León y que el de Castilla. Contar los estragos y muertes y crueldades que en cada una hicieron sería sin duda cosa dificílima e imposible de decir y trabajosa de escuchar.

Es aquí de notar que el título con que entraban y por el cual comenzaban a destruir todos aquellos inocentes y despoblar aquellas tierras que tanta alegría y gozo debieran de causar a los que fueran verdaderos cristianos con su tan grande e infinita población era decir que viniesen a sujetarse y obedecer al rey de España, donde no que los habían de matar y hacer esclavos, y los que no venían tan presto a cumplir tan irracionables y estultos mensajes y a ponerse en las manos de tan inicuos y crueles y bestiales hombres llamábanles rebeldes y alzados contra el servicio de Su Majestad, y así lo escrebían acá al rey nuestro señor. Y la ceguedad de los que regían las Indias no alcanzaba ni entendía aquello que en sus leyes está expreso y más claro que otro de sus primeros principios, conviene a saber: que ninguno es ni puede ser llamado rebelde si primero no es súbdito. Considérese por los cristianos y que saben algo de Dios y de razón y aun de las leyes humanas, qué tales pueden parar los corazones de cualquiera gente que vive en sus tierras segura y no sabe que deba nada a nadie y que tiene sus naturales señores, las nuevas que les dijeren así de súpito: «Daos a obedecer a un rey extraño que nunca vistes ni oístes, y si no sabed que luego os hemos de hacer pedazos», especialmente viendo por experiencia que así luego lo hacen. Y lo que más espantable es: que a los que de hecho obedecen ponen en aspérrima servidumbre, donde con increíbles trabajos y tormentos más largos y que duran más que los que les dan metiéndolos a espada, al cabo cabo perecen ellos y sus mujeres y hijos y toda su generación. Y ya que con los dichos temores y amenazas aquellas gentes o otras cualesquiera en el mundo vengan a obedecer y reconocer el señorío de rey extraño, ¿no ven los ciegos y turbados de ambición y diabólica cudicia que no por eso adquieren una punta de derecho (como verdaderamente sean temores y miedos) aquellos cadentes inconstantissimos viros?Que de derecho natural y humano y divino es todo aire cuanto se hace para que valga si no es el reatu y obligación que les queda a los fuegos infernales y aun a las ofensas y daños que hacen a los reyes de Castilla, destruyéndoles aquellos sus reinos y aniquilándoles, en cuanto en ellos es, todo el derecho que tienen a todas las Indias, y éstos son, y no otros, los servicios que los españoles han hecho a los dichos señores reyes en aquellas tierras y hoy hacen.

Con este tan justo y aprobado título envió aqueste capitán tirano otros dos tiranos capitanes muy más crueles y feroces, peores y de menos piedad y misericordia que él, a dos grandes y florentísimos y felicísimos reinos de gentes plenísimamente llenos y poblados, conviene a saber: el reino de Guatimala, que está a la mar del Sur, y el otro de Naco y Honduras o Guaimura, que está a la mar del Norte, frontero el uno del otro y que confinaban y partían términos ambos a dos trecientas leguas de México. El uno despachó por la tierra y el otro en navíos por la mar, con mucha gente de a caballo y de pie cada uno.

Digo verdad que de lo que ambos hicieron en mal (y señaladamente del que fue al reino de Guatimala, porque el otro presto mala muerte murió), que podría expresar y colegir tantas maldades, tantos estragos, tantas muertes, tantas despoblaciones, tantas y tan fieras injusticias que espantasen los siglos presentes y venideros e hinchese dellas un gran libro, porque éste excedió a todos los pasados y presentes, así en la cantidad y número de las abominaciones que hizo como de las gentes que destruyó y tierras que hizo desiertas, porque todas fueron infinitas.

El que fue por la mar y en navíos hizo grandes robos y escándalos y aventamientos de gentes en los pueblos de la costa, saliéndole a recibir algunos con presentes en el reino de Yucatán, que está en el camino del reino susodicho de Naco y Guaimura, donde iba. Después de llegado a ellos envió capitanes y mucha gente por toda aquella tierra que robaban y mataban y destruían cuantos pueblos y gentes había. Y especialmente uno que se alzó con trecientos hombres y se metió la tierra adentro hacia Guatimala fue destruyendo y quemando cuantos pueblos hallaba, y robando y matando las gentes dellos. Y fue haciendo esto de industria más de ciento y veinte leguas, por que si enviasen tras él hallasen los que fuesen la tierra despoblada y alzada y los matasen los indios en venganza de los daños y destruiciones que dejaban hechos. Desde a pocos días mataron al capitán principal que le envió y a quien éste se alzó, y después sucedieron otros muchos tiranos crudelísimos que con matanzas y crueldades espantosas y con hacer esclavos y vendellos a los navíos que les traían vino y vestidos y otras cosas, y con la tiránica servidumbre ordinaria, desde el año de mil quinientos y veinte y cuatro hasta el año de mil y quinientos y treinta y cinco asolaron aquellas provincias y reino de Naco y Honduras, que verdaderamente parecían un paraíso de deleites y estaban más pobladas que la más frecuentada y poblada tierra que puede ser en el mundo. Y agora pasamos y venimos por ellas, y las vimos tan despobladas y destruidas que cualquiera persona, por dura que fuera, se le abrieran las entrañas de dolor. Más han muerto en estos once años de dos cuentos de ánimas, y no han dejado en más de cien leguas en cuadra dos mil personas, y éstas cada día las matan en la dicha servidumbre.

Volviendo la péndola a hablar del grande tirano capitán que fue a los reinos de Guatimala, el cual, como está dicho, excedió a todos los pasados e iguala con todos los que hoy hay, desde las provincias comarcanas a México, que por el camino que él fue (según él mesmo escribió en una carta al principal que le envió) está del reino de Guatimala cuatrocientas leguas, fue haciendo matanzas y robos, quemando y robando y destruyendo donde llegaba toda la tierra con el título susodicho, conviene a saber: diciéndoles que se sujetasen a ellos, hombres tan inhumanos, injustos y crueles, en nombre del rey de España, incógnito y nunca jamás dellos oído, el cual estimaban ser muy más injusto y cruel que ellos, y aun sin dejallos deliberar, cuasi tan presto como el mensaje llegaban matando y quemando sobre ellos.

DE LA PROVINCIA Y REINO DE GUATIMALA

Llegado al dicho reino, hizo en la entrada dél mucha matanza de gente, y no obstante esto salióle a recebir en unas andas y con trompetas y atabales y muchas fiestas el señor principal con otros muchos señores de la ciudad de Utatlán, cabeza de todo el reino, donde le sirvieron de todo lo que tenían, en especial dándoles de comer cumplidamente y todo lo que más pudieron. Aposentáronse fuera de la ciudad los españoles aquella noche, porque les pareció que era fuerte y que dentro pudieran tener peligro. Y otro día llama al señor principal y otros muchos señores, y venidos como mansas ovejas, préndelos todos y dice que le den tantas cargas de oro. Responden que no lo tienen, porque aquella tierra no es de oro. Mándalos luego quemar vivos, sin otra culpa, ni otro proceso ni sentencia.

Desque vieron los señores de todas aquellas provincias que habían quemado aquellos señor y señores supremos no más de porque no daban oro, huyeron todos de sus pueblos metiéndose en los montes, y mandaron a toda su gente que se fuesen a los españoles y les sirviesen como a señores, pero que no los descubriesen diciéndoles dónde estaban. Viénense toda la gente de la tierra a decir que querían ser suyos y servirles como a señores. Respondía este piadoso capitán que no los querían recebir, antes los habían de matar a todos si no descubrían dónde estaban sus señores. Decían los indios que ellos no sabían dellos, que se sirviesen dellos y de sus mujeres e hijos y que en sus casas los hallarían; allí los podían matar o hacer dellos lo que quisiesen; y esto dijeron y ofrecieron e hicieron los indios muchas veces. Y cosa fue ésta maravillosa: que iban los españoles a los pueblos donde hallaban las pobres gentes trabajando en sus oficios, con sus mujeres y hijos seguros, y allí los alanceaban y hacían pedazos; y a pueblo muy grande y poderoso vinieron (que estaban descuidados más que otros y seguros con su inocencia) y entraron los españoles y en obra de dos horas casi lo asolaron, metiendo a espada los niños y mujeres y viejos, con cuantos matar pudieron que huyendo no se escaparon.

Desque los indios vieron que con tanta humildad, ofertas, paciencia y sufrimiento no podían quebrantar ni ablandar corazones tan inhumanos y bestiales y que tan sin aparencia ni color de razón y tan contra ella los hacían pedazos, viendo que así como así habían de morir, acordaron de convocarse y juntarse todos y morir en la guerra, vengándose como pudiesen de tan crueles e infernales enemigos, puesto que bien sabían que siendo no sólo inermes, pero desnudos, a pie y flacos, contra gente tan feroz a caballo y tan armada, no podían prevalecer, sino al cabo ser destruídos. Entonces inventaron unos hoyos en medio de los caminos donde cayesen los caballos y se hincasen por las tripas unas estacas agudas y tostadas de que estaban los hoyos llenos, cubiertos por encima de céspedes y yerbas, que no parecía que hobiese nada. Una o dos veces cayeron caballos en ellos no más, porque los españoles se supieron dellos guardar, pero para vengarse hicieron ley los españoles: que todos cuantos indios de todo género y edad tomasen a vida echasen dentro en los hoyos, y así las mujeres preñadas y paridas y niños y viejos y cuantos podían tomar, echaban en los hoyos hasta que los henchían traspasados por las estacas, que era una gran lástima de ver, especialmente las mujeres con sus niños. Todos los demás mataban a lanzadas y a cuchilladas, echaban a los perros bravos que los depedazaban y comían; y cuando algún señor topaban, por honra quemábanlo en vivas llamas. Estuvieron en estas carnicerías tan inhumanas cerca de siete años: desde el año de veinte y cuatro hasta el año de treinta o treinta y uno; júzguese aquí cuánto sería el número de la gente que consumirían.

De infinitas obras horribles que en este reino hizo este infelice malaventurado tirano y sus hermanos (porque eran sus capitanes, no menos infelices e insensibles que él) con los demás que le ayudaban,

fue una harto notable: que fue a la provincia de Cuzcatán, donde agora o cerca de allí es la villa de San Salvador, que es una tierra felicísima, con toda la costa del mar del sur que dura cuarenta y cincuenta
leguas; y en la ciudad de Cuzcatán, que era la cabeza de la provincia,
le hicieron grandísimo recebimiento, y sobre veinte o treinta mil
indios le estaban esperando cargados de gallinas y comida. Llegado y recebido el presente, mandó que cada español tomase de aquel
gran número de gente todos los indios que quisiese para los días que
allí estuviesen servirse dellos y que tuviesen cargo de traerles lo que
hobiesen menester. Cada uno tomó ciento, o cincuenta, o los que le
parecía que bastaban para ser muy bien servido, y los inocentes corderos sufrieron la división y servían con todas sus fuerzas, que no
faltaba sino adorallos. Entre tanto, este capitán pidió a los señores
que le trujesen mucho oro, porque a aquello principalmente venían.
Los indios responden que les place darles todo el oro que tienen, y
ayuntan muy gran cantidad de hachas de cobre (que tienen con que
se sirven) dorado que parece oro, porque tiene alguno. Mándales poner el toque, y desque vido que era cobre dijo a los españoles: «Dad
al diablo tal tierra. Vámonos, pues que no hay oro, y cada uno los
indios que tiene que le sirven, échelos en cadena y mandaré herrár-
selos por esclavos». Hácenlo así y hiérranlos con el hierro del rey por
esclavos a todos los que pudieron atar, y yo vide el fijo del señor principal de aquella ciudad herrado. Vista por los indios que se soltaron
y los demás de toda la tierra tan gran maldad, comienzan a juntarse y
a ponerse en armas.

Los españoles hacen en ellos grandes estragos y matanzas y tór-
nanse a Guatimala, donde edificaron una ciudad, la que agora con
justo juicio con tres diluvios juntamente: uno de agua y otro de tierra y otro de piedras más gruesas que diez y veinte bueyes, destruyó
la justicia divinal; donde, muertos todos los señores y los hombres
que podían hacer guerra, pusieron todos los demás en la sobredicha

infernal servidumbre, y con pedirles esclavos de tributo y dándoles los hijos e hijas, porque otros esclavos no los tienen, y ellos enviando navíos cargados dellos a vender al Perú, y con otras matanzas y estragos que sin los dichos hicieron, han destruido y asolado un reino de cien leguas en cuadra y más, de los más felices en fertilidad y población que puede ser en el mundo. Y este tirano mesmo escribió que era más poblado que el reino de México, y dijo verdad: más ha muerto él y sus hermanos con los demás de cuatro y cinco cuentos de ánimas en quince o diez y seis años, desde el año de veinte y cuatro hasta el de cuarenta, y hoy matan y destruyen los que quedan, y así matarán los demás.

Tenía éste esta costumbre: que cuando iba a hacer guerra a algunos pueblos o provincias llevaba de los ya sojuzgados indios cuantos podía, que hiciesen guerra a los otros, y como no les daba de comer a diez y a veinte mil hombres que llevaba, consentíales que comiesen a los indios que tomaban. Y así había en su real solenísima carnecería de carne humana, donde en su presencia se mataban los niños y se asaban, y mataban el hombre por solas las manos y pies, que tenían por los mejores bocados. Y con estas inmanidades, oyéndolas todas las otras gentes de las otras tierras, no sabían dónde se meter de espanto.

Mató infinitas gentes con hacer navíos: llevaba de la mar del Norte a la del Sur ciento y treinta leguas los indios cargados con anclas de tres y cuatro quintales, que se les metían las uñas dellas por las espaldas y lomos. Y llevó desta manera mucha artillería en los hombros de los tristes desnudos, y yo vide muchos cargados de artillería por los caminos angustiados. Descasaba y orbaba los casados, tomándoles las mujeres y las hijas, y dábalas a los marineros y soldados por tenellos contentos para llevallos en sus armadas: henchía los navíos de indios, donde todos perecían de sed y hambre. Y es verdad que si hobiese de decir en particular sus crueldades hiciese un gran libro que al mundo espantase. Dos armadas hizo de muchos navíos cada una, con las cuales abrasó como si fuera fuego del cielo todas aquellas tierras. ¡Oh cuántos huérfanos hizo, cuántos orbó de sus hijos, cuántos privó de sus mujeres, cuántas mujeres dejó sin maridos, de cuántos adulterios y estupros y violencias fue causa, cuántos privó de su libertad, cuántas angustias y calamidades padecieron muchas gentes por él, cuántas lágrimas hizo derramar, cuántos sospiros, cuántos gemidos, cuántas soledades en esta vida, y de cuántos damnación eterna en la otra causó: no sólo de indios, que fueron infinitos, pero de los infelices cristianos de cuyo consorcio se favoreció, en tan grandes insultos, gravísimos pecados y abominaciones tan execrables. Y plega a Dios que dél haya habido misericordia y se contente con tan mala fin como al cabo le dio.

DE LA NUEVA ESPAÑA Y PÁNUCO Y JALISCO

Hechas las grandes crueldades y matanzas dichas y las que se dejaron de decir en las provincias de la Nueva España y en la de Pánuco, sucedió en la de Pánuco otro tirano insensible cruel el año de mil y quinientos y veinte y cinco, que haciendo muchas crueldades y herrando muchos y gran número de esclavos de las maneras susodichas, siendo todos hombres libres, y enviando cargados muchos navíos a las islas de Cuba y Española, donde mejor venderlos podía, acabó de asolar toda aquella provincia; y acaeció allí dar por una yegua ochenta indios, ánimas racionales.

De aquí fue proveído para gobernar la ciudad de México y toda la Nueva España, con otros grandes tiranos por oidores y él por presidente. El cual con ellos cometieron tan grandes males, tantos pecados, tantas crueldades, robos y abominaciones que no se podrían creer, con las cuales pusieron toda aquella tierra en tan última despoblación que si Dios no les atajara con la resistencia de los religiosos de San Francisco y luego con la nueva provisión de una Audiencia Real buena y amiga de toda virtud, en dos años dejaran la Nueva España como está la isla Española. Hobo hombre de aquellos de la compañía déste que para cercar de pared una gran huerta suya traía ocho mil indios trabajando sin pagalles nada ni dalles de comer, que de hambre se caían muertos súpitamente, y él no se daba por ello nada.

Desque tuvo nueva el principal desto, que dije que acabó de asolar a Pánuco, que venía la dicha buena Real Audiencia, inventó de ir la tierra adentro a descubrir dónde tiranizase, y sacó por fuerza de la provincia de México quince o veinte mil hombres para que le llevasen, y a los españoles que con él iban, las cargas, de los cuales no volvieron docientos, que todos fue causa que muriesen por allá. Llegó a la provincia de Mechuacán, que es cuarenta leguas de México, otra tal y tan felice y tan llena de gente como la de México, saliéndole a recebir el rey y señor della con procesión de infinita gente, y haciéndole mil servicios y regalos. Prendió luego al dicho rey, porque tenía fama de muy rico de oro y plata, y porque le diese muchos tesoros comienza a dalle estos tormentos el tirano: pónelo en un cepo por los pies, y el cuerpo extendido y atado por las manos a un madero, puesto un brasero junto a los pies, y un muchacho con un hisopillo mojado en aceite de cuando en cuando se los rociaba para tostalle bien los cueros; de una parte estaba un hombre cruel que se llamaba cristiano con una ballesta armada apuntándole al corazón; de otra, otro con un muy terrible perro bravo, echándoselo, que en un credo lo despedazara. Y así lo atormentaron por que descubriese los tesoros que pretendía, hasta que avisado cierto religioso de San Francisco, se lo quitó de las manos, de los cuales tormentos al fin murió. Y desta manera atormentaron y mataron a muchos señores y caciques en aquellas provincias porque diesen oro y plata.

Cierto tirano en este tiempo, yendo por visitador más de las bolsas y haciendas, para roballas, de los indios, que no de las ánimas o personas, halló que ciertos indios tenían escondidos sus ídolos, como nunca los hobiesen enseñado los tristes españoles otro mejor Dios: prendió los señores hasta que le dieron los ídolos, creyendo que eran de oro o de plata, por lo cual cruel e injustamente los castigó. Y porque quedase defraudado de su fin, que era robar, constriñó a los dichos caciques que le comprasen los ídolos, y se los compraron por el oro o plata que pudieron hallar, para adorarlos, como solían, por Dios. Estas son las obras y ejemplos que hacen y honra que procuran a Dios en las Indias los malaventurados españoles.

Pasó este gran tirano capitán de la de Mechuacán a la provincia de Jalisco, que estaba entera y llena como una colmena de gente, poblatísima y felicísima, porque es de las fértiles y admirables de las Indias: pueblo tenía que casi duraba siete leguas su población. Entrando en ella, salen los señores y gente con presentes y alegría, como suelen todos los indios, a recebir. Comenzó a hacer las crueldades y maldades que solía y que todos allá tienen de costumbre, y muchas más, por conseguir el fin que tienen por Dios, que es el oro: quemaba los pueblos, prendía los caciques, dábales tormentos, hacía cuantos tomaba esclavos; llevaba infinitos atados en cadenas. Las mujeres paridas, yendo cargadas con cargas que de los malos cristianos llevaban, no pudiendo llevar las criaturas por el trabajo y flaqueza de hambre, arrojábanlas por los caminos, donde infinitas perecieron. Un mal cristiano, tomando por fuerza una doncella para pecar con ella, arremetió la madre para se la quitar: saca un puñal o espada y córtale una mano a la madre, y a la doncella, porque no quiso consentir, matóla a puñaladas.

Entre otros muchos hizo herrar por esclavos injustamente, siendo libres como todos lo son, cuatro mil y quinientos hombres y mujeres y niños de un año a las tetas de las madres, y de dos y tres y cuatro y cinco años, aun saliéndole a recebir de paz, sin otros infinitos que no se contaron.

Acabadas infinitas guerras inicuas e infernales y matanzas en ellas que hizo, puso toda aquella tierra en la ordinaria y pestilencial servidumbre tiránica, que todos los tiranos cristianos de las Indias suelen y pretenden poner a aquellas gentes. En la cual consintió hacer a sus mesmos mayordomos y a todos los demás crueldades y tormentos nunca oídos por sacar a los indios oro y tributos. Mayordomo suyo mató muchos indios ahorcándolos y quemándolos vivos y echándolos a perros bravos y cortándoles pies y manos y cabezas y lenguas, estando los indios de paz, sin otra causa alguna más de por amedrentallos, para que le sirviesen y diesen oro y tributos, viéndolo y sabiéndolo el mesmo egregio tirano, sin muchos azotes crueles y palos y bofetadas y otras especies de crueldades que en ellos hacían cada día y cada hora ejercitaban.

Dícese dél que ochocientos pueblos destruyó y abrasó en aquel reino de Jalisco, por lo cual fue causa que de desesperados (viéndose todos los demás tan cruelmente perecer) se alzasen y fuesen a los montes y matasen muy justa y dignamente algunos españoles. Y después, con las injusticias y agravios de otros modernos tiranos que por allí pasaron para destruir otras provincias, que ellos llaman descubrir, se juntaron muchos indios haciéndose fuertes en ciertos peñones, en los cuales agora de nuevo han hecho en ellos tan grandes crueldades que cuasi han acabado de despoblar y asolar toda aquella gran tierra, matando infinitas gentes. Y los tristes ciegos, dejados de Dios venir a reprobado sentido, no viendo la justísima causa y causas muchas llenas de toda justicia que los indios tienen por ley natural, divina y humana de los hacer pedazos si fuerzas y armas tuviesen y echallos de sus tierras, y la injustísima y llena de toda iniquidad, condenada por todas las leyes que ellos tienen para sobre tantos insultos y tiranías y grandes e inexpiables pecados que han cometido en ellos, moverles de nuevo guerra, piensan y dicen y escriben que las victorias que han de los inocentes indios asolándolos, todas se las da Dios porque sus guerras inicuas tienen justicia, como se gocen y gloríen y hagan gracias a Dios de sus tiranías, como lo hacían aquellos tiranos ladrones de quien dice el profeta Zacarías, capítulo 11: «*Pasce pecora ocisionis, quae qui occidebant non dolebant sed dicebant: "Benedictus Deus quod divites facti sumus"*».

DEL REINO DE YUCATÁN

El año de mil y quinientos y veinte y seis fue otro infelice hombre proveído por gobernador del reino de Yucatán, por las mentiras y falsedades que dijo y ofrecimientos que hizo al rey, como los otros tiranos han hecho hasta agora por que les den oficios y cargos con que puedan robar. Este reino de Yucatán estaba lleno de infinitas gentes, porque es la tierra en gran manera sana y abundante de comidas y frutas mucho (aun más que la de México) y señaladamente abunda de miel y cera más que ninguna parte de las Indias de lo que hasta agora se ha visto. Tiene cerca de trecientas leguas de boja, o en torno, el dicho reino. La gente dél era señalada entre todas las de las Indias, así en prudencia y policía como en carecer de vicios y pecados más que otra, y muy aparejada y digna de ser traída al conocimiento de su Dios, y donde se pudieran hacer grandes ciudades de españoles, y vivieran como en un paraíso terrenal si fueran dignos della; pero no lo fueron por su gran cudicia e insensibilidad y grandes pecados, como no han sido dignos de las otras muchas partes que Dios les había en aquellas Indias demostrado.

Comenzó este tirano con trecientos que llevó consigo a hacer crueles guerras a aquellas gentes buenas, inocentes, que estaban en sus casas sin ofender a nadie, donde mató y destruyó infinitas gentes; y porque la tierra no tiene oro, porque si lo tuviera, por sacallo, en las minas los acabara, pero por hacer oro de los cuerpos y de las ánimas de aquellos por quien Jesucristo murió, hace a barrisco todos los que no mataba, esclavos; y a muchos navíos que venían al olor y fama de los esclavos enviaba llenos de gentes vendidas por vino y aceite y vinagre, y por tocinos y por vestidos y por caballos y por lo que él y ellos habían menester, según su juicio y estima. Daba a escoger entre cincuenta y cien doncellas, una de mejor parecer que otra, cada uno la que escogese, por una arroba de vino, o de aceite o vinagre, o por un tocino, y lo mesmo un muchacho bien dispuesto, entre ciento o docientos escogido, por otro tanto. Y acaeció dar un muchacho que parecía hijo de un príncipe por un queso, y cien personas por un caballo. En estas obras estuvo desde el año de veinte y seis hasta el año de treinta y tres, que fueron siete años, asolando y despoblando aquellas tierras y matando sin piedad aquellas gentes, hasta que oyeron allí las nuevas de las riquezas del Perú, que se le fue la gente española que tenía y cesó por algunos días aquel infierno; pero después tornaron sus ministros a hacer otras grandes maldades: robos y cativerios y ofensas grandes de Dios, y hoy no cesan de hacerlas, y cuasi tienen despobladas todas aquellas trecientas leguas que estaban, como se dijo, tan llenas y pobladas.

No bastaría a creer nadie ni tampoco a decirse los particulares casos de crueldades que allí se han hecho. Sólo diré dos o tres que me ocurren. Como andaban los tristes españoles con perros bravos buscando y aperreando los indios, mujeres y hombres, una india enferma, viendo que no podía huir de los perros que no la hiciesen pedazos como hacían a los otros, tomó una soga y atóse al pie un niño que tenían de un año y ahorcóse de una viga. Y no lo hizo tan presto que no llegaron los perros y despedazaron el niño, aunque antes que acabase de morir lo batizó un fraile.

Cuando se salían los españoles de aquel reino dijo uno a un hijo de un señor de cierto pueblo o provincia que se fuese con él; dijo el niño que no quería dejar su tierra. Responde el español: «Vente conmigo, si no, cortarte he las orejas». Dice el muchacho que no. Saca un puñal y córtale una oreja y después la otra. Y diciéndole el muchacho que no quería dejar su tierra, córtale las narices, riendo y como si le diera un repelón no más. Este hombre perdido se loó y jactó delante de un venerable religioso desvergonzadamente, diciendo que trabajaba cuanto podía por empreñar muchas mujeres indias, para que vendiéndolas preñadas por esclavas le diesen más precio de dinero por ellas.

En este reino, o en una provincia de la Nueva España, yendo cierto español con sus perros a caza de venados o de conejos un día, no hallando qué cazar parecióle que tenían hambre los perros, y toma un muchacho chiquito a su madre y con un puñal córtale a tarazones los brazos y las piernas, dando a cada perro su parte, y después de comidos aquellos tarazones, échales todo el corpecito en el suelo a todos juntos. Véase aquí cuánta es la insensibilidad de los españoles en aquellas tierras y cómo los ha traído Dios *in reprobum sensum*, y en qué estima tienen a aquellas gentes criadas a la imagen de Dios y redemidas por su sangre. Pues peores cosas veremos abajo.

Dejadas infinitas e inauditas crueldades que hicieron los que se llaman cristianos en este reino, que no basta juicio a pensallas, sólo con esto quiero concluirlo: que salidos todos los tiranos infernales dél con el ansia que los tiene ciegos de las riquezas del Perú, movióse el padre fray Jacobo con cuatro religiosos de su orden de San Francisco a ir a aquel reino a apaciguar y predicar y traer a Jesucristo el rebusco de aquellas gentes que restaban de la vendimia infernal y matanzas tiránicas que los españoles en siete años habían perpetrado. Y creo que fueron estos religiosos el año de treinta y cuatro enviándoles delante ciertos indios de la provincia de México por mensajeros si tenían por bien que entrasen los dichos religiosos en sus tierras a dalles noticia de un solo Dios que era Dios y Señor verdadero de todo el mundo. Entraron en consejo e hicieron muchos ayuntamientos, tomadas primero muchas informaciones qué hombres eran aquellos que se decían padres y frailes y qué era lo que pretendían y en qué difirían de los cristianos de quien tantos agravios e injusticias habían recebido. Finalmente acordaron de recebirlos, con que solos ellos, y no españoles, allá entrasen. Los religiosos se lo prometieron porque así lo llevaban concedido por el visorrey de la Nueva España, y cometido que les prometiesen que no entrarían más allá españoles, sino religiosos, ni les sería hecho por los cristianos algún agravio. Predicáronles el Evangelio de Cristo, como suelen, y la intinción santa de los reyes de España para con ellos. Y tanto amor y sabor tomaron con la doctrina y ejemplo de los frailes, y tanto se holgaron de las nuevas de los reyes de Castilla (de los cuales en todos los siete años pasados nunca los españoles les dieron noticia que había otro rey, sino aquel que allí los tiranizaba y destruía), que a cabo de cuarenta días que los frailes habían entrado y predicado, los señores de la tierra les trujeron y entregaron todos sus ídolos que los quemasen, y después desto sus hijos para que los enseñasen, que los quieren más que las lumbres de sus ojos, y les hicieron iglesias y templos y casas, y los convidaban de otras provincias a que fuesen a predicalles y dalles noticia de Dios y de aquel que decían que era gran rey de Castilla. Y persuadidos de los frailes, hicieron una cosa que nunca en las Indias hasta hoy se hizo, y todas las que se fingen por algunos de los tiranos que allá han destruido aquellos reinos y grandes tierras son falsedad y mentira: doce o quince señores de muchos vasallos y tierras cada uno por sí, juntando sus pueblos y tomando sus votos y consentimiento, se sujetaron de su propia voluntad al señorío de los reyes de Castilla, recibiendo al Emperador, como rey de España, por señor supremo y universal, e hicieron ciertas señales como firmas, las cuales tengo en mi poder con el testimonio de los dichos frailes.

Estando en este aprovechamiento de la fe y con grandísima alegría y esperanza los frailes de traer a Jesucristo todas las gentes de aquel reino que de las muertes y guerras injustas pasadas habían quedado, que aún no eran pocas, entraron por cierta parte diez y ocho españoles tiranos de caballo y doce de pie, que eran treinta, y traen muchas cargas de ídolos tomados de otras provincias a los indios, y el capitán de los dichos treinta españoles llama a un señor de la tierra por donde entraban y dícele que tomase de aquellas cargas de ídolos y los repartiese por toda su tierra, vendiendo cada ídolo por un indio o india para hacello esclavo, amenazándolo que si no lo hacía que le había de hacer guerra. El dicho señor, por temor forzado, destribuyó los ídolos por toda su tierra, y mandó a todos sus vasallos que los tomasen para adorallos y le diesen indios e indias para dar a los españoles para hacer esclavos. Los indios, de miedo, quien tenía dos hijos daba uno, y quien tres daba dos, y por esta manera complían con aquel tan sacrílego comercio, y el señor o cacique contentaba los españoles, si fueran cristianos.

Uno de estos ladrones impíos infernales, llamado Juan García, estando enfermo y propinco a la muerte, tenía debajo de su cama dos cargas de ídolos, y mandaba a una india que le servía que mirase bien que aquellos ídolos que allí estaban no los diese a trueque de gallinas, porque eran muy buenos, sino cada uno por un esclavo. Y finalmente, con este testamento y en este cuidado ocupado murió el desdichado, y quién duda que no esté en los infiernos sepultado.

Véase y considérese agora aquí cuál es el aprovechamiento y religión y ejemplos de cristiandad de los españoles que van a las Indias, qué honra procuran a Dios, cómo trabajan que sea conocido y adorado de aquellas gentes, qué cuidado tienen de que por aquellas ánimas se siembre y crezca y dilate su santa fe, y júzguese si fue menor pecado éste que el de Jeroboam, *qui peccare fecit Israel* haciendo los dos becerros de oro para que el pueblo adorase, o si fue igual al de

Judas, o que más escándalo causase. Éstas, pues, son las obras de los españoles que van a las Indias, que verdaderamente muchas e infinitas veces, por la cudicia que tienen de oro, han vendido y venden hoy en este día y niegan y reniegan a Jesucristo.

Visto por los indios que no había salido verdad lo que los religiosos le habían prometido (que no habían de entrar españoles en aquellas provincias) y que los mesmos españoles les traían ídolos de otras tierras a vender, habiendo ellos entregado todos sus dioses a los frailes para que los quemasen por adorar un verdadero Dios, alborótase e indígnase toda la tierra contra los frailes y vanse a ellos diciendo: «¿Por qué nos habéis mentido, engañándonos que no habían de entrar en esta tierra cristianos? ¿Y por qué nos habéis quemado nuestros dioses, pues nos traen a vender otros dioses de otras provincias vuestros cristianos? ¿Por ventura no eran mejores nuestros dioses que los de las otras naciones?». Los religiosos los aplacaron lo mejor que pudieron, no teniendo qué responder. Vanse a buscar los treinta españoles y dícenles los daños que habían hecho, requiérenles que se vayan; no quisieron: antes hicieron entender a los indios que los mesmos frailes los habían hecho venir allí, que fue malicia consumada. Finalmente, acuerdan de matar los indios los frailes; huyen los frailes una noche por ciertos indios que los avisaron, y después de idos, cayendo los indios en la inocencia y virtud de los frailes y maldad de los españoles, enviaron mensajeros cincuenta leguas tras ellos, rogándoles que se tornasen y pidiéndoles perdón de la alteración que les causaron. Los religiosos, como siervos de Dios y celosos de aquellas ánimas, creyéndoles tornáronse a la tierra y fueron recebidos como ángeles, haciéndoles los indios mil servicios, y estuvieron cuatro o cinco meses después. Y porque nunca aquellos cristianos quisieron irse de la tierra, ni pudo el Visorrey con cuanto hizo sacallos, porque está lejos de la Nueva España (aunque los hizo apregonar por traidores) y porque no cesaban de hacer sus acostumbrados insultos y agravios a los indios, pareciendo a los religiosos que tarde que temprano con tan malas obras los indios se resabiarían y que quizá caerían sobre ellos, especialmente que no podían predicar a los indios con quietud dellos y suya y sin continuos sobresaltos, por las obras malas de los españoles, acordaron de desmamparar aquel reino, y así quedó sin lumbre y socorro de doctrina, y aquellas ánimas en la escuridad de ignorancia y miseria que estaban, quitándoles al mejor tiempo el remedio y regadío de la noticia y conocimiento de Dios, que iban ya tomando avidísimamente, como si quitásemos el agua a las plantas recién puestas de pocos días. Y esto por la inexpiable culpa y maldad consumada de aquellos españoles.

DE LA PROVINCIA DE SANTA MARTA

La provincia de Santa Marta era tierra donde los indios tenían muy mucho oro, porque la tierra es rica y las comarcas, y tenían industria de cogello. Y por esta causa, desde el año de mil y cuatrocientos y noventa y ocho hasta hoy, año de mil y quinientos y cuarenta y dos, otra cosa no han hecho infinitos tiranos españoles sino ir a ella con navíos y saltear y matar y robar aquellas gentes por roballes el oro que tenían, y tornábanse en los navíos que iban en diversas y muchas veces, en las cuales hicieron grandes estragos y matanzas y señaladas crueldades, y esto comúnmente a la costa de la mar y algunas leguas la tierra dentro hasta el año de mil y quinientos y veinte y tres.

El año de mil quinientos y veinte y tres fueron tiranos españoles a estar de asiento allá. Y porque la tierra, como dicho es, era rica, sucedieron diversos capitanes, unos más crueles que otros, que cada uno parecía que tenía hecha profesión de hacer más exorbitantes crueldades y maldades que el otro, porque saliese verdad la regla que arriba posimos.

El año de mil y quinientos y veinte y nueve fue un gran tirano muy de propósito y con mucha gente, sin temor alguno de Dios ni compasión de humano linaje, el cual hizo con ella tan grandes estragos, matanzas e impiedades que a todos los pasados excedió: robó él y ellos muchos tesoros en obra de seis o siete años que vivió. Después de muerto sin confesión, y aun huyendo de la residencia que tenía, sucedieron otros tiranos matadores y robadores que fueron a consumir las gentes que de las manos y cruel cuchillo de los pasados restaban. Extendiéronse tanto por la tierra adentro bastando y asolando grandes y muchas provincias, matando y cativando las gentes dellas por las maneras susodichas de las otras, dando grandes tormentos a señores y a vasallos, porque descubriesen el oro y los pueblos que lo tenían, excediendo, como es dicho, en las obras y número y calidad a todos los pasados, tanto que desde el año dicho de mil y quinientos y veinte y nueve hasta hoy han despoblado por aquella parte más de cuatrocientas leguas de tierra, que estaba así poblada como las otras.

Verdaderamente afirmo que si en particular hobiera de referir las maldades, matanzas, despoblaciones, injusticias, violencias, estragos y grandes pecados que los españoles en estos reinos de Santa Marta han hecho y cometido contra Dios y contra el Rey y aquellas inocentes naciones, yo haría una muy larga historia, pero esto quedarse ha para su tiempo, si Dios diere la vida. Sólo quiero aquí decir unas pocas de palabras de las que escribe agora al rey nuestro señor el obispo de aquella provincia, y es la hecha de la carta a veinte de mayo del año de mil y quinientos y cuarenta y uno, el cual entre otras palabras dice así:

«Digo, sagrado César, que el medio para remediar esta tierra es que Vuestra Majestad la saque ya de poder de padrastros y le dé marido que la trate como es razón y ella merece, y éste con toda brevedad, porque de otra manera, según la aquejan y fatigan estos tiranos que tienen encargamiento della, tengo por cierto que muy aína dejará de ser, etc.». Y más abajo dice: «Donde conocerá Vuestra Majestad claramente cómo los que gobiernan por estas partes merecen ser desgobernados para que las repúblicas se aliviasen. Y si esto no se hace, a mi ver no tienen cura sus enfermedades. Y conocerá también cómo en estas partes no hay cristianos, sino demonios, ni hay servidores de Dios ni de rey, sino traidores a su ley y a su rey, porque en verdad que el mayor inconviniente que yo hallo para traer los indios de guerra y hacellos de paz y a los de paz al conocimiento de nuestra fe es el áspero y cruel tratamiento que los de paz reciben de los cristianos, por lo cual están tan escabrosos y tan avispados, que ninguna cosa les puede ser más odiosa ni aborrecible que el nombre de cristianos, a los cuales ellos en toda esta tierra llaman en su lengua *yares*, que quiere decir demonios; y sin duda ellos tienen razón, porque las obras que acá obran ni son de cristianos ni de hombres que tienen uso de razón, sino de demonios, de donde nace que como los indios ven este obrar mal y tan sin piedad generalmente, así en las cabezas como en los miembros, piensan que los cristianos lo tienen por ley y es autor dello su dios y su rey. Y trabajar de persuadirles otra cosa es querer agotar la mar y darles materia de reír y hacer burla y escarnio de Jesucristo y su ley. Y como los indios de guerra vean este tratamiento que se hace a los de paz, tienen por mejor morir de una vez que no de muchas en poder de españoles. Sélo esto, invictísimo César, por experiencia, etc.». Dice más abajo en un capítulo: «Vuestra Majestad tiene más servidores por acá de los que piensa, porque no hay soldado de cuantos acá están que no ose decir públicamente que si saltea, o roba, o destruye o mata o quema los vasallos de Vuestra Majestad porque le den oro, sirve a Vuestra Majestad a título que dizque de allí le viene su parte a Vuestra Majestad. Y por tanto, sería bien, cristianísimo César, que Vuestra Majestad diese a entender, castigando algunos rigurosamente, que no recibe servicio en cosa que Dios es deservido».

Todas las susodichas son formales palabras de dicho obispo de Santa Marta, por las cuales se verá claramente lo que hoy se hace en todas aquellas desdichadas tierras y contra aquellas inocentes gentes. Llama indios de guerra los que están y se han podido salvar huyendo de las matanzas de los infelices españoles por los montes, y los de paz llama los que después de muertas infinitas gentes ponen en la tiránica y horrible servidumbre arriba dicha, donde al cabo los acaban de asolar y matar, como parece por las dichas palabras del obispo, y en verdad que explica harto poco lo que aquellos padecen.

Suelen decir los indios en aquella tierra cuando los fatigan llevándolos con cargas por las sierras, si caen y desmayan de flaqueza y trabajo, porque aquí les dan de coces y palos y les quiebran los dientes con los pomos de las espadas, porque se levanten y anden sin resollar: «Andá, que sois malos; no puedo más; matáme aquí, que aquí quiero quedar muerto». Y esto dícenlo con grandes sospiros y apretamiento del pecho, mostrando grande angustia y dolor. ¡Oh, quién pudiese dar a entender de cien partes una de las afliciones y calamidades que aquellas inocentes gentes por los infelices españoles padecen! Dios sea Aquél que lo dé a entender a los que lo pueden y deben remediar.

DE LA PROVINCIA DE CARTAGENA

Esta provincia de Cartagena está más abajo cincuenta leguas de la de Santa Marta, hacia Poniente, y junto con ella la del Cenú hasta el golfo de Urabá, que ternán sus cien leguas de costa de mar, y mucha tierra la tierra adentro, hacia el mediodía. Estas provincias han sido tratadas, angustiadas, muertas, despobladas y asoladas desde el año de mil y cuatrocientos y noventa y ocho o nueve hasta hoy, como las de Santa Marta, y hechas en ellas muy señaladas crueldades y muertes y robos por los españoles, que por acabar presto esta breve suma no quiero decir en particular, y por referir las maldades que en otras agora se hacen.

DE LA COSTA DE LAS PERLAS Y DE PARIA
Y DE LA ISLA DE LA TRINIDAD

Desde la costa de Paria hasta el golfo de Venezuela exclusive, que habrá docientas leguas, han sido grandes y señaladas las destruiciones que los españoles han hecho en aquellas gentes, salteándolos y tomándolos los más que podían a vida, para vendellos por esclavos; muchas veces, tomándolos sobre seguro y amistad que los españoles habían con ellos tratado, no guardándoles fe ni verdad, recibiéndolos en sus casas como a padres y a hijos, dándoles y sirviéndoles con cuanto tenían y podían. No se podrían cierto fácilmente decir ni encarecer particularizadamente cuáles y cuántas han sido las injusticias, injurias, agravios y desafueros que las gentes de aquella costa de los españoles han recebido desde el año de mil y quinientos y diez hasta hoy. Dos o tres quiero decir solamente, por las cuales se juzguen otras innumerables en número y fealdad, que fueron dignas de todo tormento y fuego.

En la isla de la Trinidad, que es mucho mayor que Sicilia y más felice, que está pegada con la tierra firme por la parte de Paria y que la gente della es de la buena y virtuosa en su género que hay en todas las Indias, yendo a ella un salteador el año de mil y quinientos y diez y seis con otros sesenta o setenta acostumbrados ladrones, publicaron a los indios que se venían a morar y vivir a aquella isla con ellos. Los indios recibiéronlos como si fueran sus entrañas y sus hijos, sirviéndoles señores y súbditos con grandísima afección y alegría, trayéndoles cada día de comer tanto que les sobraba para que comieran otros tantos, porque ésta es común condición y liberalidad de todos los indios de aquel Nuevo Mundo: dar excesivamente lo que han menester los españoles y cuanto tienen. Hácenles una gran casa de madera en que morasen todos, porque así la quisieron los españoles: que fuese una no más, para hacer lo que pretendían hacer e hicieron. Al tiempo que ponían la paja sobre las varas o madera y habían cobrido obra de dos estados, porque los de dentro no viesen a los de fuera, so color de dar priesa a que se acabase la casa, metieron mucha gente dentro della y repartiéronse los españoles: algunos fuera alderredor de la casa con sus armas, para los que se saliesen, y otros dentro, los cuales echan mano a las espadas y comienzan a amenazar los indios desnudos que no se moviesen, si no, que los matarían. Y comentaron a atar, y otros que saltaron para huir hicieron pedazos con las espadas. Algunos que salieron, heridos y sanos, y otros del pueblo que no habían entrado, tomaron sus arcos y flechas, y recógense a otra casa del pueblo para se defender, donde entraron ciento o docientos dellos; y defendiendo la puerta, pegan los españoles fuego a la casa y quémanlos todos vivos. Y con su presa, que sería de ciento y ochenta o docientos hombres que pudieron atar, vanse a su navío y alzan las velas y van a la isla de San Juan, donde venden la mitad por esclavos, y después a la Española, donde vendieron la otra. Reprehendiendo yo al capitán desta tan insigne traición y maldad, a la sazón en la mesma isla de San Juan, me respondió: «Andá, señor, que así me lo mandaron y me lo dieron por instrución los que me enviaron, que cuando no pudiese tomarlos por guerra, que los tomase por paz». Y en verdad que me dijo que en toda su vida había hallado padre ni madre, sino en la isla de la Trinidad, según las buenas obras que los indios le habían hecho. Esto dijo para mayor confusión suya y agravamiento de sus pecados. Déstas han hecho en aquella tierra firme infinitas, tomándolos y cativándolos sobre seguro. Véase qué obras son éstas y si aquellos indios ansí tomados si serán justamente hechos esclavos.

Otra vez, acordando los frailes de Santo Domingo, nuestra orden, de ir a predicar y convertir aquellas gentes, que carecían de remedio y lumbre de doctrina para salvar sus ánimas, como lo están hoy las Indias, enviaron un religioso presentado en teología, de gran virtud y santidad, con un fraile lego su compañero, para que viese la tierra y tratase la gente y buscase lugar apto para hacer monasterios. Llegados los religiosos, recibiéronlos los indios como a ángeles del cielo, y óyenlos con gran afección y atención y alegría las palabras que pudieron entonces darles a entender, más por señas que por habla, porque no sabían la lengua. Acaeció venir por allí un navío, después de ido el que allí los dejó, y los españoles dél, usando de su infernal costumbre, traen por engaño, sin saberlo los religiosos, al señor de aquella tierra, que se llamaba don Alonso (o que los frailes le habían puesto este nombre o otros españoles, porque los indios son amigos y cudiciosos de tener nombre de cristiano, y luego lo piden que se lo den, aun antes que sepan nada para ser batizados). Así que engañan al dicho don Alonso para que entrase en el navío con su mujer y otras ciertas personas, y que les harían allá fiesta. Finalmente que entraron diez y siete personas con el señor y su mujer, con confianza que los religiosos estaban en su tierra y que los españoles, por ellos, no harían alguna maldad, porque de otra manera no se fiaran dellos. Entrados los indios en el navío, alzan las velas los traidores y viénense a la isla Española y véndenlos por esclavos. Toda la tierra, como ven su señor y señora llevados, viénense a los frailes y quiérenlos matar. Los frailes, viendo tan gran maldad, queríanse morir de angustia, y es de creer que dieran antes sus vidas que fuera tal injusticia hecha, especialmente porque era poner impedimento a que nunca aquellas ánimas pudiesen oír ni creer la palabra de Dios. Apaciguáronlos lo mejor que pudieron, y dijéronles que con el primer navío que por allí pasase escribirían a la isla Española y que harían que les tornasen su señor y los demás que con él estaban. Trujo Dios por allí luego un navío, para más confirmación de la damnación de los que gobernaban, y escribieron a los religiosos de la Española en el peligro que quedaban, que luego trabajasen de los remediar. Van los frailes a la Audiencia Real, suplican, requieren, claman, protestan una y muchas veces; nunca quisieron los oidores hacerles justicia, porque entre ellos mesmos estaban repartidos parte de los indios que ansí, tan injusta y malamente habían prendido los tiranos. Los dos religiosos, que habían prometido a los indios de la tierra que dentro de cuatro meses vernía su señor don Alonso con los demás, viendo que ni en cuatro ni en ocho vinieron, aparejáronse para morir y dar la vida a quien la habían ya antes que partiesen ofrecido. Y así los indios tomaron venganza dellos, justamente matándolos (aunque inocentes), porque estimaron que ellos habían sido causa de aquella traición, y porque vieron que no salió verdad lo que dentro de los cuatro meses les certificaron y prometieron, y porque hasta entonces ni aun hasta agora no supieron ni saben hoy que haya diferencia de los frailes a los tiranos y ladrones y salteadores españoles por toda aquella tierra. Los bienaventurados frailes padecieron injustamente, por la cual injusticia ninguna duda hay que según nuestra fe santa sean verdaderos mártires y reinen hoy con Dios en los cielos, bienaventurados, comoquiera que allí fuesen enviados por la obediencia y llevasen intención de predicar y dilatar la santa fe y salvar todas aquellas ánimas y padecer cualesquiera trabajos y muerte que se les ofreciese por Jesucristo crucificado.

Otra vez, por las grandes tiranías y obras nefandas de los cristianos malos, mataron los indios otros dos frailes de Santo Domingo, y uno de San Francisco, de que yo soy testigo, porque me escapé de la misma muerte por milagro divino, donde había harto que decir para espantar los hombres, según la gravedad y horribilidad del caso, pero por ser largo no lo quiero aquí decir hasta su tiempo, y el día del juicio será más claro, cuando Dios tomare venganza de tan horribles y abominables insultos como hacen en las Indias los que tienen nombre de cristianos.

Otra vez en estas provincias, al cabo que dicen de la Codera, estaba un pueblo cuyo señor se llamaba Higoroto, nombre propio de la persona o común de los señores dél. Este era tan bueno y su gente tan virtuosa que cuantos españoles por allí en los navíos venían hallaban reparo, comida, descanso y todo consuelo y refrigerio; y muchos libró de la muerte que venían huyendo de otras provincias donde habían salteado y hecho muchas tiranías y males, muertos de hambre, que los reparaba y enviaba salvos a la isla de las Perlas, donde había población de cristianos; que los pudiera matar sin que nadie lo supiera y no lo hizo; y finalmente llamaban todos los cristianos a aquel pueblo de Higueroto el mesón y casa de todos. Un malaventurado tirano acordó de hacer allí salto, como estaban aquellas gentes tan seguras, y fue allí con un navío y convidó a mucha gente que entrase en el navío como solía entrar y fiarse en los otros. Entrados muchos hombres y mujeres y niños, alzó las velas y vínose a la isla de San Juan, donde los vendió todos por esclavos, y yo llegué entonces a la dicha isla y vide al dicho tirano y supe allí lo que había hecho. Dejó destruido todo aquel pueblo, y a todos los tiranos españoles que por aquella costa robaban y salteaban les pesó, y abominaron este tan espantoso hecho por perder el abrigo y mesón que allí tenían como si estuvieran en sus casas.

Digo que dejo de decir inmensas maldades y casos espantosos que desta manera por aquellas tierras se han hecho y hoy en este día se hacen. Han traído a la isla Española y a la de San Juan de toda aquella costa, que estaba pobladísima, más de dos cuentos de ánimas salteadas, que todas también las han muerto en las dichas islas echándolos a las minas y en los otros trabajos, allende de las multitúdines que en ellas, como arriba decimos, había. Y es una gran lástima y quebrantamiento de corazón de ver aquella costa de tierra felicísima toda desierta y despoblada. Es ésta averiguada verdad: que nunca traen navío cargado de indios, así robados y salteados como he dicho, que no echan a la mar muertos la tercia parte de los que meten dentro, con los que matan por tomallos en sus tierras. La causa es porque como para conseguir su fin es menester mucha gente para sacar más dineros por más esclavos, y no llevan comida ni agua, sino poca, por no gastar los tiranos que se llaman armadores, no basta apenas sino poco más de para los españoles que van en el navío para saltear, y así falta para los tristes, por lo cual mueren de hambre y de sed, y el remedio es dar con ellos en la mar. Y en verdad que me dijo hombre dellos que desde las islas de los Lucayos, donde se hicieron grandes estragos desta manera, hasta la isla Española, que son sesenta o setenta leguas fuera un navío sin aguja y sin carta de marear, guiándose solamente por el rastro de los indios que quedaban en la mar echados del navío muertos. Después, desque los desembarcan en la isla donde los llevan a vender, es para quebrar el corazón de cualquiera que alguna señal de piedad tuviere: verlos desnudos y hambrientos que se caían de desmayados de hambre, niños y viejos, hombres y mujeres. Después, como a unos corderos los apartan padres de hijos y mujeres de maridos, haciendo manadas dellos de a diez y de a veinte personas, y echan suertes sobre ellos para que lleven sus partes los infelices armadores, que son los que ponen su parte de dineros para hacer el armada de dos y de tres navíos, y para los tiranos salteadores que van a tomallos y salteallos en sus casas. Y cuando cae la suerte en la manada donde hay algún viejo o enfermo, dice el tirano a quien cabe: «Este viejo daldo al diablo, ¿para qué me lo dais, para que lo entierre? ¿Este enfermo para qué lo tengo de llevar, para curallo?». Véase aquí en qué estiman los españoles a los indios y si cumplen el precepto divino del amor del prójimo, donde pende la Ley y los Profetas.

La tiranía que los españoles ejercitan contra los indios en el sacar o pescar de las perlas es una de las crueles y condenadas cosas que pueden ser en el mundo. No hay vida infernal y desesperada en este siglo que se le pueda comparar, aunque la del sacar el oro en las minas sea en su género gravísima y pésima. Métenlos en la mar en tres y en cuatro y cinco brazas de hondo; desde la mañana hasta que se pone el sol están siempre debajo del agua, nadando sin resuello, arrancando las ostias donde se crían las perlas. Salen con unas redecillas llenas a lo alto, y a resollar, donde está un verdugo español en una canoa o barquillo, y si se tardan en descansar les da de puñadas y por los cabellos los echa al agua para que tornen a pescar. La comida es pescado, y del pescado que tienen las perlas, y pan cazabí y algunos maíz (que son los panes de allá), el uno de muy poca sustancia, y el otro muy trabajoso de hacer, de los cuales nunca se hartan. Las camas que les dan a la noche es echallos en un cepo en el suelo por que no se les vayan. Muchas veces zabúllense en la mar a su pesquería o ejercicio de las perlas y nunca tornan a salir, porque los tiburones y marrajos, que son dos especies de bestias marinas crudelísimas que tragan un hombre entero, los comen y matan. Véase aquí si guardan los españoles que en esta granjería de perlas andan desta manera los preceptos divinos del amor de Dios y del prójimo, poniendo en peligro de muerte temporal y también del ánima, porque mueren sin fe y sin sacramentos, a sus prójimos, por su propia cudicia. Y lo otro dándoles tan horrible vida hasta que los acaban y consumen en breves días, porque vivir los hombres debajo del agua sin resuello es imposible mucho tiempo, señaladamente que la frialdad continua del agua los penetra, y así todos comúnmente mueren de echar sangre por la boca, por el apretamiento del pecho que hacen por causa de estar tanto tiempo y tan continuo sin resuello, y de cámaras que causa la frialdad. Conviértense los cabellos, siendo ellos de su natura negros, quemados como pelos de lobos marinos, y sáleles por las espaldas salitre, que no parecen sino monstruos en naturaleza de hombres, o de otra especie. En este incomportable trabajo, o por mejor decir ejercicio del infierno, acabaron de consumir a todos los indios lucayos que había en las islas cuando cayeron los españoles en esta granjería, y valía cada uno cincuenta y cien castellanos, y los vendían públicamente, aun habiendo sido prohibido por las justicias mesmas (aunque injustas por otra parte), porque los lucayos eran grandes nadadores. Han muerto también allí otros muchos sin número, de otras provincias y partes.

DEL RÍO YUYAPARI

Por la provincia de Paria sube un río que se llama Yuyapari más de docientas leguas la tierra arriba. Por él subió un triste tirano muchas leguas el año de mil y quinientos y veinte y nueve con cuatrocientos o más hombres, e hizo matanzas grandísimas, quemando vivos y metiendo a espada infinitos inocentes que estaban en sus tierras y casas sin hacer mal a nadie, descuidados, y dejó abrasada y asombrada y ahuyentada muy gran cantidad de tierra. Y en fin él murió mala muerte y desbaratóse su armada, y después otros tiranos sucedieron en aquellos males y tiranías, y hoy andan por allá destruyendo y matando e infernando las ánimas que el Hijo de Dios redimió con su sangre.

DEL REINO DE VENEZUELA

En el año de mil y quinientos y veinte y seis, con engaños y persuasiones dañosas que se hicieron al rey nuestro señor, como siempre se ha trabajado de le encubrir la verdad de los daños y perdiciones que Dios y las ánimas y su estado recebían en aquellas Indias, dio y concedió un gran reino mucho mayor que toda España, que es el de Venezuela, con la gobernación y jurisdición total, a los mercaderes de Alemaña, con cierta capitulación y concierto o asiento que con ellos se hizo.

Éstos, entrados con trecientos hombres o más en aquellas tierras, hallaron aquellas gentes mansísimas ovejas, como y mucho más que los otros las suelen hallar en todas las partes de las Indias, antes que les hagan daño los españoles. Entraron en ellas más, pienso, sin comparación cruelmente que ningunos de los otros tiranos que hemos dicho, y más irracional y furiosamente que crudelísimos tigres y que rabiosos lobos y leones, porque con mayor ansia y ceguedad rabiosa de avaricia y más exquisitas maneras e industrias para haber y robar plata y oro que todos los de antes, pospuesto todo temor a Dios y al Rey y vergüenza de las gentes, olvidados que eran hombres mortales, como más libertados poseyendo, toda la jurisdicción de la tierra tuvieron.

Han asolado, destruido y despoblado estos demonios encarnados más de cuatrocientas leguas de tierras felicísimas, y en ellas grandes y admirables provincias, valles de cuarenta leguas, regiones amenísimas, poblaciones muy grandes, riquísimas de gentes y oro. Han muerto y despedazado totalmente grandes y diversas naciones, muchas lenguas que no han dejado persona que las hable, si no son algunos que se habrán metido en las cavernas y entrañas de la tierra, huyendo de tan extraño y pestilencial cuchillo. Más han muerto y destruido y echado a los infiernos de aquellas inocentes generaciones, por extrañas y varias y nuevas maneras de cruel iniquidad e impiedad (a lo que creo) de cuatro y cinco cuentos de ánimas, y hoy en este día no cesan actualmente de las echar. De infinitas e inmensas injusticias, insultos y estragos que han hecho y hoy hacen, quiero decir tres o cuatro no más, por los cuales se podrán juzgar los que para efectuar las grandes destruiciones y despoblaciones que arriba decimos, pueden haber hecho.

Prendieron al señor supremo de toda aquella provincia sin causa ninguna más de por sacalle oro dándole tormentos. Soltóse y huyó y fuese a los montes y alborotóse y amedrentóse toda la gente de la tierra, escondiéndose por los montes y breñas. Hacen entradas los españoles contra ellos para irlos a buscar; hállanlos; hacen crueles matanzas y todos los que toman a vida véndenlos en públicas almonedas por esclavos. En muchas provincias y en todas, donde quiera que llegaban, antes que prendiesen al universal señor, los salían a recibir con cantares y bailes y con muchos presentes de oro en gran cantidad; el pago que les daban, por sembrar su temor en toda aquella tierra: hacíalos meter a espada y hacellos pedazos. Una vez, saliéndoles a recibir de la manera dicha, hace el capitán, alemán tirano, meter en una gran casa de paja mucha cantidad de gente, y hácelos hacer pedazos. Y porque la casa tenía unas vigas en lo alto, subiéronse en ellas mucha gente, huyendo de las sangrientas manos de aquellos hombres o bestias sin piedad y de sus espadas. Mandó el infernal hombre pegar fuego a la casa, donde todos los que quedaron fueron quemados vivos. Despoblóse por esta causa gran número de pueblos, huyéndose toda la gente por las montañas, donde pensaban salvarse.

Llegaron a otra grande provincia en los confines de la provincia y reino de Santa Marta. Hallaron los indios en sus casas, en sus pueblos y haciendas pacíficos y ocupados. Estuvieron mucho tiempo con ellos comiéndoles sus haciendas y los indios sirviéndoles como si las vidas y salvación les hobieran de dar, y sufriéndoles sus continuas opresiones e importunidades ordinarias, que son intolerables; y que come más un tragón de un español en un día que bastaría para un mes una casa donde haya diez personas de indios. Diéronles en este tiempo mucha suma de oro de su propia voluntad, con otras innumerables buenas obras que les hicieron. Al cabo que ya se quisieron los tiranos ir acordaron de pagarles las posadas por esta manera: mandó el tirano alemán gobernador (y también, a lo que creemos, hereje, porque ni oía misa ni la dejaba de oír a muchos, con otros indicios de luterano que se le conocieron) que prendiesen a todos los indios con sus mujeres e hijos que pudieron y métenlos en un corral grande o cerca de palos que para ello se hizo, e hízoles saber que el que quisiese salir y ser libre que se había de rescatar de voluntad del inicuo gobernador, dando tanto oro por sí y tanto por su mujer y por cada hijo. Y por más los apretar mandó que no les metiesen alguna comida hasta que le trujesen el oro que les pedía por su rescate. Enviaron muchos a sus casas por oro y rescatábanse según podían; soltábanlos e íbanse a sus labranzas y casas a hacer su comida; enviaba el tirano ciertos ladrones salteadores españoles que tornasen a prender los tristes indios rescatados una vez; traíanlos al corral, dábanles el tormento de la hambre y sed hasta que otra vez se rescatasen. Hobo destos muchos que dos o tres veces fueron presos y rescatados, otros que no podían ni tenían tanto, porque lo habían dado todo el oro que poseían, los dejó en el corral perecer hasta que murieron de hambre. Desta hecha dejó perdida y asolada y despoblada una provincia riquísima de gente y oro, que tiene un valle de cuarenta leguas, y en ella quemó pueblo que tenía mil casas.

Acordó este tirano infernal de ir la tierra adentro con cudicia y ansia de descubrir por aquella parte el infierno del Perú. Para este infelice viaje llevó él y los demás infinitos indios cargados con cargas de tres y cuatro arrobas, ensartados en cadenas. Cansábase alguno o desmayaba de hambre y del trabajo y flaqueza; cortábanle luego la cabeza por la collera de la cadena, por no pararse a desensartar los otros que iban en las colleras de más afuera; y caía la cabeza a una parte y el cuerpo a otra, y repartían la carga déste sobre las que llevaban los otros. Decir las provincias que asoló, las ciudades y lugares que quemó, porque son todas las casas de paja, las gentes que mató, las crueldades que en particulares matanzas que hizo perpetró en este camino, no es cosa creíble, pero espantable y verdadera.

Fueron por allí después por aquellos caminos otros tiranos que sucedieron de la mesma Venezuela y otros de la provincia de Santa

Marta con la mesma santa intención de descubrir aquella casa santa del oro del Perú, y hallaron toda la tierra, más de docientas leguas, tan quemada y despoblada y desierta, siendo pobladísima y felicísima como es dicho, que ellos mesmos, aunque tiranos y crueles, se admiraron y espantaron de ver el rastro por donde aquél había ido, de tan lamentable perdición.

Todas estas cosas están probadas con muchos testigos por el fiscal del Consejo de las Indias, y la probanza está en el mesmo Consejo y nunca quemaron vivos a ningunos destos tan nefandos tiranos. Y no es nada lo que está probado con los grandes estragos y males que aquéllos han hecho, porque todos los ministros de la justicia que hasta hoy han tenido en las Indias, por su grande y mortífera ceguedad no se han ocupado en examinar los delitos y perdiciones y matanzas que han hecho y hoy hacen todos los tiranos de las Indias, sino en cuanto dicen que por haber Fulano y Fulano hecho crueldades a los indios, ha perdido el Rey de sus rentas tantos mil castellanos, y para argüir esto poca probanza, y harto general y confusa les basta. Y aun esto no saben averiguar ni hacer ni encarecer como deben, porque si hiciesen lo que deben a Dios y al Rey, hallarían que los dichos tiranos alemanes más han robado al Rey de tres millones de castellanos de oro, porque aquellas provincias de Venezuela, con las que más han estragado, asolado y despoblado más de cuatrocientas leguas (como dije) es la tierra más rica y más próspera de oro y era de población que hay en el mundo. Y más renta le han estorbado y echado a perder que tuvieran los reyes de España de aquel reino de dos millones en diez y seis años que ha que los tiranos enemigos de Dios y del Rey las comenzaron a destruir. Y estos daños de aquí a la fin del mundo no hay esperanza de ser recobrados, si no hiciese Dios por milagro resucitar tantos cuentos de ánimas muertas. Estos son los daños temporales del Rey; sería bien considerar qué tales y qué tantos son los daños, deshonras, blasfemias, infamias de Dios y de su ley, y con qué se recompensarán tan innumerables ánimas como están ardiendo en los infiernos por la cudicia y inmanidad de aquestos tiranos animales o alemanes.

Con solo esto quiero su infelicidad y ferocidad concluir: que desde que en la tierra entraron hasta hoy, conviene a saber, estos diez y seis años, han enviado muchos navíos cargados y llenos de indios por la mar a vender a Santa Marta y a la isla Española y Jamaica y la isla de San Juan, por esclavos, más de un cuento de indios, y hoy en este día los envían, año de mil y quinientos y cuarenta y dos, viendo y disimulando el Audiencia Real de la isla Española, antes favoreciéndolo como todas las otras infinitas tiranías y perdiciones (que se han hecho en toda aquella costa de tierra firme, que son más de cuatrocientas leguas que han estado y hoy están éstas de Venezuela y Santa Marta debajo de su jurisdición) que pudieran estorbar y remediar. Todos estos indios no ha habido más causa para los hacer esclavos de sola la perversa, ciega y obstinada voluntad, por cumplir con su insaciable cudicia de dineros de aquellos avarísimos tiranos, como todos los otros siempre en todas las Indias han hecho, tomando aquellos corderos y ovejas de sus casas y a sus mujeres e hijos por las maneras crueles y nefarias ya dichas, y echalles el hierro del Rey para venderlos por esclavos.

DE LAS PROVINCIAS DE LA TIERRA FIRME POR LA PARTE QUE SE LLAMA LA FLORIDA

A estas provincias han ido tres tiranos en diversos tiempos desde el año de mil y quinientos y diez o de once, a hacer las obras que los otros y los dos dellos en las otras partes de las Indias han cometido por subir a estados desproporcionados de su merecimiento con la sangre y perdición de aquellos sus prójimos. Y todos tres han muerto mala muerte, con destruición de sus personas y casas que habían edificado de sangre de hombres en otro tiempo pasado, como yo soy testigo de todos tres ellos; y su memoria está ya raída de la haz de la tierra, como si no hubieran por esta vida pasado. Dejaron toda la tierra escandalizada y puesta en la infamia y horror de su nombre, con algunas matanzas que hicieron, pero no muchas, porque los mató Dios antes que más hiciesen, porque les tenía guardado para allí el castigo de los males que yo sé y vide que en otras partcs de las Indias habían perpetrado.

El cuarto tirano fue agora postreramente el año de mil y quinientos y treinta y ocho, muy de propósito y con mucho aparejo. Ha tres años que no saben dél ni parece. Somos ciertos que luego en entrando hizo crueldades y luego desapareció, y que si es vivo él y su gente, que en estos tres años ha destruido grandes y muchas gentes si por donde fue las halló, porque es de los marcados y experimentados y de los que más daños y males y destruiciones de muchas provincias y reinos con otros sus compañeros ha hecho. Pero más creemos que le ha dado Dios el fin que a los otros ha dado.

Después de tres o cuatro años de escrito lo susodicho salieron de la dicha tierra Florida el resto de los tiranos que fue con aqueste tirano mayor que muerto dejaron, de los cuales supimos las inauditas crueldades y maldades que allí en vida principalmente dél, y después de su infelice muerte sus inhumanos hombres, en aquellos inocentes y a nadie dañosos indios perpetraron, porque no saliese falso lo que arriba yo había adevinado. Y son tantas que afirmaron la regla que arriba al principio pusimos: que cuanto más procedían en descubrir y destrozar y perder gentes y tierras, tanto más señaladas crueldades e iniquidades contra Dios y sus prójimos perpetraban. Estamos enhastiados de contar tantas y tan execrables y horribles y sangrientas obras, no de hombres, sino de bestias fieras, y por eso no he querido detenerme en contar más de las siguientes.

Hallaron grandes poblaciones de gentes muy bien dispuestas, cuerdas, políticas y bien ordenadas. Hacían en ellos grandes matanzas, como suelen, para entrañar su miedo en los corazones de aquellas gentes. Afligíanlos y matábanlos con echalles cargas como a bestias; cuando alguno cansaba o desmayaba, por no desensartar de la cadena donde los llevaban en colleras otros que estaban antes de aquel, cortábanle la cabeza por el pescuezo y caía el cuerpo a una parte y la cabeza a otra, como de otras partes arriba contamos.

Entrando en un pueblo donde los recibieron con alegría y les dieron de comer hasta hartar y más de seiscientos indios para acémilas de sus cargas y servicio de sus caballos, salidos dél los tiranos, vuelve un capitán deudo del tirano mayor a robar todo el pueblo, estando seguros, y mató a lanzadas al señor y rey de la tierra, e hizo otras crueldades.

En otro pueblo grande, porque les pareció que estaban un poco los vecinos dél más recatados, por las infames y horribles obras que habían oído dellos, metieron a espada y lanza chicos y grandes, niños y viejos, súbditos y señores, que no perdonaron a nadie. A mucho número de indios, en especial a más de docientos juntos (según se dice) que enviaron a llamar de cierto pueblo o ellos vinieron de su voluntad, hizo cortar el tirano mayor desde las narices con los labrios hasta la barba, todas las caras dejándolas rasas. Y así, con aquella lástima y dolor y amargura, corriendo sangre los enviaron a que llevasen las nuevas de las obras y milagros que hacían aquellos predicadores de la santa fe católica, batizados.

Júzguese agora qué tales estarán aquellas gentes, cuánto amor ternán a los cristianos y cómo creerán ser el dios que tienen bueno y justo, y la ley y religión que profesan y de que se jactan, inmaculada. Grandísimas y extrañísimas son las maldades que allí cometieron aquellos infelices hombres, hijos de perdición. Y así, el más infelice capitán murió como malaventurado, sin confesión, y no dudamos sino que fue sepultado en los infiernos (si quizá Dios ocultamente no le proveyó según su divina misericordia y no según los deméritos dél) por tan execrables maldades.

DEL RÍO DE LA PLATA

Desde el año de mil y quinientos y veinte y dos o veinte y tres han ido al Río de la Plata, donde hay grandes reinos y provincias, y de gentes muy dispuestas y razonables, tres o cuatro veces capitanes. En general sabemos que han hecho muertes y daños. En particular, como está muy a trasmano de lo que más se trata de las Indias, no sabemos cosas que decir señaladas. Ninguna duda empero tenemos que no hayan hecho y hagan hoy las mesmas obras que en las otras partes se han hecho y hacen. Porque son los mesmos españoles, y entre ellos hay de los que se han hallado en las otras, y porque van a ser ricos y grandes señores como los otros, y esto es imposible que pueda ser sino con perdición y matanzas y robos y diminución de los indios según la orden y vía perversas que aquéllos como los otros llevaron.

Después que lo dicho se escribió supimos muy con verdad que han destruido y despoblado grandes provincias y reinos de aquella tierra, haciendo extrañas matanzas y crueldades en aquellas desventuradas gentes, con las cuales se han señalado como los otros y más que otros, porque han tenido más lugar, por estar más lejos de España, y han vivido más sin orden y justicia, aunque en todas las Indias no la hobo como parece por todo lo arriba relatado. Entre otras infinitas se han leído en el Consejo de las Indias las que se dirán abajo: un tirano gobernador dio mandamiento a cierta gente suya que fuese a ciertos pueblos de indios, y que si no les diesen de comer los matasen a todos. Fueron con esta autoridad, y porque los indios, como a enemigos suyos, no se lo quisieron dar, más por miedo de vellos y por huillos que por falta de liberalidad, metieron a espada sobre cinco mil ánimas. Ítem viniéronse a poner en sus manos y a ofrecerse a su servicio cierto número de gente de paz, que por ventura ellos enviaron a llamar, y porque o no vinieron tan presto o porque, como suelen y es costumbre dellos vulgada, quisieron en ellos su horrible miedo y espanto arraigar, mandó el gobernador que los entregasen a todos en manos de otros indios que aquéllos tenían por sus enemigos, los cuales llorando y clamando rogaban que los matasen ellos y no los diesen a sus enemigos; y no queriendo salir de la casa donde estaban, allí los hicieron pedazos clamando y diciendo: «¿Venimos a serviros de paz y mataisnos? Nuestra sangre quede por estas paredes en testimonio de nuestra injusta muerte y vuestra crueldad». Obra fue esta cierto señalada y dina de considerar y mucho más de lamentar.

DE LOS GRANDES REINOS Y GRANDES PROVINCIAS DEL PERÚ

En el año de mil y quinientos y treinta y uno fue otro tirano grande con cierta gente a los reinos del Perú, donde, entrando con el título e intención y con los principios que los otros todos pasados (porque era uno de los que se habían más ejercitado y más tiempo en todas las crueldades y estragos que en la Tierra Firme desde el año de mil y quinientos y diez se habían hecho), creció en crueldades y matanzas y robos, sin fe ni verdad, destruyendo pueblos, apocando, matando las gentes dellos y siendo causa de tan grandes males que han sucedido en aquellas tierras, que bien somos ciertos que nadie bastará a referillos y encarecellos hasta que los veamos y conozcamos claros el día del juicio. Y de algunos que quería referir la deformidad y calidades y circunstancias que los afean y agravian, verdaderamente no podré ni sabré encarecer.

En su infelice entrada mató y destruyó algunos pueblos y les robó mucha cantidad de oro. En una isla que está cerca de las mismas provincias, que se llama Puná, muy poblada y graciosa, y recibiéndole el señor y gente della como a ángeles del cielo y después de seis meses, habiéndoles comido todos sus bastimentos, y de nuevo descubriéndoles las trojes del trigo que tenían para sí y sus mujeres e hijos los tiempos de seca y estériles, y ofreciéndoselas con muchas lágrimas que las gastasen y comiesen a su voluntad, el pago que les dieron a la fin fue que los metieron a espada y alancearon mucha cantidad de gentes dellas, y los que pudieron tomar a vida hicieron esclavos, con grandes y señaladas crueldades otras que en ellas hicieron, dejando casi despoblada la dicha isla.

De allí vanse a la provincia de Tumbala, que es en la tierra firme, y matan y destruyen cuantos pudieron. Y porque de sus espantosas y horribles obras huían todas las gentes, decían que se alzaban y que eran rebeldes al rey. Tenía este tirano esta industria: que a los que pedía y otros que venían a dalles presentes de oro y plata y de lo que tenían, decíales que trujesen más hasta que él vía que no tenían más o no traían más, y entonces decía que los recebía por vasallos de los reyes de España y abrazábalos y hacía tocar dos trompetas que tenía, dándoles a entender que desde en adelante no les habían de tomar más ni hacelles mal alguno, teniendo por lícito todo lo que les robaba y le daban por miedo de las abominables nuevas que dél oían antes que él los recibiese so el amparo y protección del rey, como si después de recebidos debajo de la protección real no los oprimiesen, robasen, asolasen y destruyesen y él no los hobiera así destruido.

Pocos días después, viniendo el rey universal y emperador de aquellos reinos, que se llamó Atabaliba, con mucha gente desnuda y con sus armas de burla, no sabiendo cómo cortaban las espadas y herían las lanzas y cómo corrían los caballos y quién eran los españoles (que si los demonios tuvieren oro, los acometerán para se lo robar), llegó al lugar donde ellos estaban diciendo: «¿Dónde están esos españoles? Salgan acá, que no me mudaré de aquí hasta que me satisfagan de mis vasallos que me han muerto y pueblos que me han despoblado y riquezas que me han robado». Salieron a él, matáronle infinitas gentes, prendiéronle su persona, que venía en unas andas, y después de preso tratan con él que se rescatase. Promete de dar cuatro millones de castellanos y da quince, y ellos prométenle de soltalle, pero al fin, no guardándole la fe ni verdad, (como nunca en las Indias con los indios por los españoles se ha guardado), levántanle que por su mandado se juntaba gente; y él responde que en toda la tierra no se movía una hoja de un árbol sin su voluntad, que si gente se juntase creyesen que él la mandaba juntar y que preso estaba, que lo matasen. No obstante todo esto, lo condenaron a quemar vivo, aunque después rogaron algunos al capitán que lo ahogasen, y ahogado lo quemaron. Sabido por él dijo: «¿Por qué me quemáis, qué os he hecho? ¿No me prometistes de soltar dándoos el oro? ¿No os di más de lo que os prometí? Pues que así lo queréis, enviame a vuestro rey de España». Y otras muchas cosas dijo, para gran confusión y detestación de la gran injusticia de los españoles, y, en fin, lo quemaron. Considérese aquí la justicia y título[151] de esta guerra, la prisión deste señor y la sentencia y ejecución de su muerte y la conciencia con que tienen aquellos tiranos tan grandes tesoros como en aquellos reinos a aquel rey tan grande y a otros infinitos señores y particulares robaron.

De infinitas hazañas señaladas en maldad y crueldad, en extirpación de aquellas gentes cometidas por los que se llaman cristianos, quiero aquí referir algunas pocas que un fraile de San Francisco a los principios vido y las firmó de su nombre, enviando treslados por aquellas partes, y otros a estos reinos de Castilla, y yo tengo en mi poder un treslado con su propia firma, en el cual dice así:

«Yo, fray Marcos de Niza, de la orden de San Francisco, comisario sobre los frailes de la mesma orden en las provincias del Perú, que fue de los primeros religiosos que con los primeros cristianos entraron en las dichas provincias, digo, dando testimonio verdadero de algunas cosas que yo con mis ojos vi en aquella tierra, mayormente cerca del tratamiento y conquistas hechas a los naturales. Primeramente, yo soy testigo de vista, y por experiencia cierta conocí y alcancé que aquellos indios del Perú es la gente más benívola que entre indios se ha visto, y allegada y amiga a los cristianos. Y vi que ellos daban a los españoles en abundancia oro y plata y piedras preciosas y todo cuanto les pedían que ellos tenían, y todo buen servicio. Y nunca los indios salieron de guerra, sino de paz, mientras no les dieron ocasión con los malos tratamientos y crueldades: antes los recebían con toda benivolencia y honor en los pueblos a los españoles, y dándoles comidas y cuantos esclavos y esclavas pedían para servicio.

»Ítem, soy testigo y doy testimonio que sin dar causa ni ocasión aquellos indios a los españoles, luego que entraron en sus tierras, después de haber dado el mayor cacique Atabaliba más de dos millones de oro a los españoles y habiéndoles dado toda la tierra en su poder sin resistencia, luego quemaron al dicho Atabaliba, que era señor de toda la tierra y en pos dél quemaron vivo a su capitán general Cochilimaca, el cual había venido de paz al gobernador con otros principales.

»Asimesmo, después de éstos dende a pocos días quemaron a Chamba, otro señor muy principal de la provincia de Quito, sin culpa ni aun haber hecho por qué. Asimesmo quemaron a Chapera, señor de los canarios, injustamente. Asimesmo a Albis, gran señor de los que había en Quito, quemaron los pies y le dieron otros muchos tormentos por que dijese dónde estaba el oro de Atabaliba, del cual tesoro, como pareció, no sabía él nada. Asimesmo quemaron en Quito a Cozopanga, gobernador que era de todas las provincias de Quito, el cual, por ciertos requerimientos que le hizo Sebastián de Benalcázar, capitán del gobernador, vino de paz, y porque no dio tanto oro como le pedían, lo quemaron con otros muchos caciques y principales. Y a lo que yo pude entender, su intento de los españoles era que no quedase señor en toda la tierra.

»Ítem, que los españoles recogieron mucho número de indios y los encerraron en tres casas grandes, cuantos en ellas cupieron, y pegáronles fuego y quemáronlos a todos sin hacer la menor cosa contra español ni dar la menor causa. Y acaeció allí que un clérigo que se llama Ocaña sacó un muchacho del fuego en que se quemaba, y vino allí otro español y tomóselo de las manos y lo echó en medio de las llamas, donde se hizo ceniza con los demás. El cual dicho español que así había echado en el fuego al indio aquel mismo día, volviendo al real, cayó súbitamente muerto en el camino, y yo fue de parecer que no lo enterrasen.

»Ítem, yo afirmo que yo mesmo vi ante mis ojos a los españoles cortar manos, narices y orejas a indios e indias sin propósito, sino porque se les antojaba hacerlo, y en tantos lugares y partes que sería largo de contar. Y yo vi que los españoles les echaban perros a los indios para que los hiciesen pedazos, y los vi así aperrear a muy muchos. Asimesmo vi yo quemar tantas casas y pueblos que no sabría decir el número, según eran muchos. Asimesmo es verdad que tomaban niños de teta por los brazos y los echaban arrojadizos cuanto podían, y otros desafueros y crueldades sin propósito que me ponían espanto, con otras innumerables que vi que serían largas de contar.

»Ítem, vi que llamaban a los caciques y principales indios que viniesen de paz seguramente y prometiéndoles seguro, y en llegando, luego los quemaban. Y en mi presencia quemaron dos: el uno en Andón y el otro en Tumbala, y no fui parte para se lo estorbar que no los quemasen con cuanto les prediqué. Y según Dios y mi conciencia, en cuanto yo puedo alcanzar, no por otra causa, sino por estos malos tratamientos, como claro parece a todos, se alzaron y levantaron los indios del Perú, y con mucha causa que se les ha dado, porque ninguna verdad les han tratado ni palabra guardado, sino que contra toda razón y justicia tiranamente los han destruido con toda la tierra, haciéndoles tales obras que han determinado antes de morir que semejantes obras sufrir.

»Ítem, digo que por la relación de los indios hay mucho más oro escondido que manifestado, el cual por las injusticias y crueldades que los españoles hicieron no lo han querido descubrir ni lo descubrirán mientras recibieren tales tratamientos; antes querrán morir como los pasados, en lo cual Dios Nuestro Señor ha sido mucho ofendido y Su Majestad muy deservido y defraudado en perder tal tierra que podía dar buenamente de comer a toda Castilla, la cual será harto dificultosa y costosa a mi ver de la recuperar».

Todas estas son sus palabras del dicho religioso formales, y vienen también firmadas del obispo de México, dando testimonio de que todo esto afirmaba el dicho padre fray Marcos. Hase de considerar aquí lo que este padre dice que vido, porque fue en cincuenta o cien leguas de tierra y ha nueve o diez años, porque era a los principios y había muy pocos, que al sonido del oro fueron cuatro y cinco mil españoles y se extendieron por muchos y grandes reinos y provincias más de quinientas y setecientas leguas, que las tienen todas asoladas, perpetrando las dichas obras y otras más fieras y crueles. Verdaderamente desde entonces acá hasta hoy más de mil veces más se ha destruido y asolado de ánimas que las que ha contado, y con menos temor de Dios y del Rey y piedad han destruido grandísima parte del linaje humano. Más faltan y han muerto de aquellos reinos hasta hoy (y que hoy también los matan) en obra de diez años de cuatro cuentos de ánimas.

Pocos días ha que acañaverearon y mataron una gran reina, mujer del Inga, el que quedó por rey de aquellos reinos, al cual los cristianos, por sus tiranías, poniendo las manos en él, lo hicieron alzar y está alzado. Y tomaron a la reina su mujer y contra toda justicia y razón la mataron (y aun dicen que estaba preñada) solamente por dar dolor a su marido. Si se hobiesen de contar las particulares crueldades y matanzas que los cristianos en aquellos reinos del Perú han cometido y cada día hoy cometen, sin duda ninguna serían espantables, y tantas que todo lo que hemos dicho de las otras partes se escureciese y pareciese poco, según la cantidad y gravedad dellas.

DEL NUEVO REINO DE GRANADA

El año de mil y quinientos y treinta y nueve concurrieron muchos tiranos yendo a buscar desde Venezuela y desde Santa Marta y desde Cartagena el Perú, y otros que del mesmo Perú descendían a calar y penetrar aquellas tierras, y hallaron a las espaldas de Santa Marta y Cartagena, trecientas leguas la tierra dentro, unas felicísimas y admirables provincias llenas de infinitas gentes mansuetísimas y buenas como las otras, y riquísimas también de oro y piedras preciosas (las que se dicen esmeraldas), a las cuales provincias pusieron por nombre el Nuevo Reino de Granada, porque el tirano que llegó primero a estas tierras era natural del reino que acá está de Granada. Y porque muchos inicuos y crueles hombres de los que allí concurrieron de todas partes eran insignes carniceros y derramadores de la sangre humana, muy acostumbrados y experimentados en los grandes pecados susodichos en muchas partes de las Indias, por eso han sido tales y tantas sus endemoniadas obras y las circunstancias y calidades que las afean y agravian, que han excedido a muy muchas y aun a todas, las que los otros y ellos en las otras provincias han hecho y cometido.

De infinitas que en estos tres años han perpetrado y que agora en este día no cesan de hacer diré algunas, muy brevemente, de muchas que un gobernador (porque no le quiso admitir el que en el dicho Nuevo Reino de Granada robaba y mataba para que él robase y matase) hizo una probanza contra él, de muchos testigos, sobre los estragos y desafueros y matanzas que ha hecho y hace, la cual se leyó y está en el Consejo de las Indias.

Dicen en la dicha probanza los testigos que estando todo aquel reino de paz y sirviendo a los españoles, dándoles de comer de sus trabajos los indios continuamente y haciéndoles labranzas y haciendas y trayéndoles mucho oro y piedras preciosas, esmeraldas y cuanto tenían y podían, repartidos los pueblos y señores y gente dellos por los españoles, que es todo lo que pretenden por medio para alcanzar su fin último, que es el oro, y puestos todos en la tiranía y servidumbre acostumbrada, el tirano capitán principal que aquella tierra mandaba prendió al señor y rey de todo aquel reino y túvolo preso seis o siete meses, pidiéndole oro y esmeraldas sin otra causa ni razón alguna. El dicho rey, que se llamaba Bogotá, por el miedo que le pusieron dijo que él daría una casa de oro que le pedían, esperando de soltarse de las manos de quien así lo afligía, y envió indios a que le trajesen oro, y por veces trajeron mucha cantidad de oro y piedras, pero porque no daba la casa de oro decían los españoles que lo matase, pues no cumplía lo que había prometido. El tirano dijo que se lo pidiesen por justicia ante él mesmo; pidiéronlo así por demanda, acusando al dicho rey de la tierra; él dio sentencia condenándolo a tormentos si no diese la casa de oro. Danle el tormento del trato de cuerda, échanle sebo ardiendo en la barriga, pónenle a cada pie una herradura hincada en un palo y el pescuezo atado a otro palo y dos hombres que le tenían las manos, y así le pegaban fuego a los pies y entraba el tirano de rato en rato y le decía que así lo había de matar poco a poco a tormentos si no le daba el oro. Y así lo cumplió y mató al dicho señor con los tormentos. Y estando atormentándolo, mostró Dios señal de que detestaba aquellas crueldades en quemarse todo el pueblo donde las perpetraban.

Todos los otros españoles, por imitar a su buen capitán y porque no saben otra cosa sino despedazar aquellas gentes, hicieron lo mesmo, atormentando con diversos y fieros tormentos cada uno al cacique y señor del pueblo o pueblos que tenían encomendados, estándoles sirviendo los dichos señores con todas sus gentes y dándoles oro y esmeraldas y cuanto podían y tenían, y sólo los atormentaban porque les diesen más oro y piedras de lo que les daban. Y así quemaron y despedazaron todos los señores de aquella tierra.

Por miedo de las crueldades egregias que uno de los tiranos particulares en los indios hacía, se fueron a los montes huyendo de tanta inmanidad un gran señor que se llamaba Daitama, con mucha gente de la suya. Porque esto tienen por remedio y refugio, si les valiese. Y a esto llaman los españoles levantamientos y rebelión. Sabido por el capitán principal tirano, envía gente al dicho hombre cruel por cuya ferocidad los indios que estaban pacíficos y sufriendo tan grandes tiranías y maldades se habían ido a los montes, el cual fue a buscallos; y porque no basta esconderse en las entrañas de la tierra, hallaron gran cantidad de gente y despedazaron más de quinientas ánimas, hombres y mujeres y niños, porque a ningún género perdonaban, y aun dicen los testigos que el mesmo señor Daitama había antes que la gente le matasen venido al dicho cruel hombre y le había traído cuatro o cinco mil castellanos, y no obstante esto hizo el estrago susodicho.

Otra vez, viniendo a servir mucha cantidad de gente a los españoles y estando sirviendo con la humildad y simplicidad que suelen, seguros, vino el capitán una noche a la ciudad donde los indios servían y mandó que a todos aquellos indios los metiesen a espada, estando dellos durmiendo y dellos cenando y descansando de los trabajos del día. Esto hizo porque le pareció que era bien hacer aquel estrago para entrañar su temor en todas las gentes de aquella tierra.

Otra vez mandó el capitán tomar juramento a todos los españoles cuántos caciques y principales y gente común cada uno tenía en el servicio de su casa y que luego los trajesen a la plaza, y allí les mandó cortar a todos las cabezas, donde mataron cuatrocientas o quinientas ánimas. Y dicen los testigos que desta manera pensaba apaciguar la tierra. De cierto tirano particular dicen los testigos que hizo grandes crueldades, matando y cortando muchas manos y narices a hombres y mujeres y destruyendo muchas gentes.

Otra vez envió el capitán al mesmo cruel hombre con ciertos españoles a la provincia de Bogotá a hacer pesquisa de quién era el señor que había sucedido en aquel señorío después que mató a tormentos al señor universal, y anduvo por muchas leguas de tierra prendiendo cuantos indios podía haber, y porque no le decían quién era el señor que había sucedido a unos cortaba las manos y a otros hacía echar a los perros bravos que los despedazaban, así hombres como mujeres, y desta manera mató y destruyó muchos indios e indias. Y un día, al cuarto del alba, fue a dar sobre unos caciques o capitanes y gente mucha de indios que estaban de paz y seguros, que los había asegurado y dado la fe de que no recibirían mal ni daño, por la cual seguridad se salieron de los montes donde estaban escondidos a poblar a lo raso, donde tenían su pueblo; y así, estando descuidados y con confianza de la fe que les habían dado, prendió mucha cantidad, mujeres y hombres, y les mandaba poner la mano tendida en el suelo y él mesmo con un alfanje les cortaba las manos y decíales que aquel castigo les hacía porque no le querían decir dónde estaba el señor nuevo que en aquel reino había sucedido.

Otra vez, porque no le dieron un cofre lleno de oro los indios, que les pidió este cruel capitán, envió gente a hacer guerra, donde mataron infinitas ánimas y cortaron manos y narices a mujeres y a hombres que no se podrían contar, y a otros echaron a perros bravos que los comían y despedazaban.

Otra vez, viendo los indios de una provincia de aquel reino que habían quemado los españoles tres o cuatro señores principales, de miedo se fueron a un peñón fuerte para se defender de enemigos que tanto carecían de entrañas de hombres, y serían en el peñón y habría, según dicen los testigos, cuatro o cinco mil indios. Envía el capitán susodicho a un grande y señalado tirano, que a muchos de los que de aquellas partes tienen cargo de asolar hace ventaja, con cierta gente de españoles para que castigase dizque los indios alzados que huían de tan gran pestilencia y carnicería, como si hobieran hecho alguna sinjusticia y a ellos perteneciera hacer el castigo y tomar la venganza, siendo dignos ellos de todo crudelísimo tormento sin misericordia, pues tan ajenos son de ella y de piedad con aquellos inocentes. Idos los españoles al peñón, súbenlo por fuerza, como los indios sean desnudos y sin armas, y llamando los españoles a los indios de paz y que los aseguraban que no les harían mal alguno, que no peleasen, luego los indios cesaron; manda el crudelísimo hombre a los españoles que tomasen todas las fuerzas del peñón y, tomadas, que diesen en los indios. Dan los tigres y leones en las ovejas mansas y desbarrigan y meten a espada tantos que se pararon a descansar: tantos eran los que habían hecho pedazos. Después de haber descansado un rato, mandó el capitán que matasen y despeñasen del peñón abajo, que era muy alto, toda la gente que viva quedaba. Y así la despeñaron toda, y dicen los testigos que veían nubada de indios echados del peñón abajo, de setecientos hombres juntos que caían donde se hacían pedazos. Y por consumar del todo su gran crueldad rebuscaron todos los indios que se habían escondido entre las matas y mandó que a todos les diesen de estocadas, y así los mataron y echaron de las peñas abajo.

Aun no quiso contentarse con las cosas tan crueles ya dichas, pero quiso señalarse más y aumentar la horribilidad de sus pecados en que mandó que todos los indios y indias que los particulares habían tomado vivos (porque cada uno en aquellos estragos suele escoger algunos indios e indias y muchachos para servirse) los metiesen en una casa de paja, escogidos y dejados los que mejor le parecieron para su servicio, y les pegasen fuego, y así los quemaron vivos, que serían obra de cuarenta o cincuenta. Otros mandó echar a los perros bravos, que los despedazaron y comieron.

Otra vez este mesmo tirano fue a cierto pueblo que se llamaba Cota y tomó muchos indios e hizo despedazar a los perros quince o veinte señores y principales, y cortó mucha cantidad de manos de mujeres y hombres y las ató en unas cuerdas y las puso colgadas de un palo a la luenga, porque viesen los otros indios lo que había hecho a aquéllos, en que habría setenta pares de manos, y cortó muchas narices a mujeres y a niños. Las hazañas y crueldades deste hombre enemigo de Dios no las podría alguno explicar, porque son innumerables y nunca tales oídas ni vistas, que ha hecho en aquella tierra y en la provincia de Guatimala, y dondequiera que ha estado, porque ha muchos años que anda por aquellas tierras haciendo aquestas obras y abrasando y destruyendo aquellas gentes y tierras.

Dicen más los testigos en aquella probanza que han sido tantas y tales y tan grandes las crueldades y muertes que se han hecho y se hacen hoy en el dicho Nuevo Reino de Granada por sus personas los capitanes y consentido hacer a todos aquellos tiranos y destruidores del género humano que con él estaban, que tienen toda la tierra asolada y perdida, y que si Su Majestad con tiempo no lo manda remediar, según la matanza en los indios se hace solamente por sacalles el oro que no tienen, porque todo lo que tenían lo han dado, que se acabará en poco de tiempo que no haya indios ningunos para sustentar la tierra, y quedará toda yerma y despoblada.

Débese aquí de notar la cruel y pestilencial tiranía de aquellos infelices tiranos cuán recia y vehemente y diabólica ha sido, que en obra de dos años o tres que ha que aquel reino se descubrió (que, según todos los que en él han estado y los testigos de la dicha probanza dicen, estaba el más poblado de gente que podía ser tierra en el mundo), lo hayan todo muerto y despoblado tan sin piedad y temor de Dios y del Rey que digan que si en breve Su Majestad no estorba aquellas infernales obras no quedará hombre vivo ninguno. Y así lo creo yo, porque muchas y grandes tierras en aquellas partes he visto por mis mismos ojos, que en muy breves días las han destruido y del todo despoblado.

Hay otras provincias grandes que confinan con las partes del dicho Nuevo Reino de Granada, que se llaman Popayán y Cali, y otras tres o cuatro que tienen más de quinientas leguas; las han asolado y destruido por las maneras que esas otras: robando y matando con tormentos y con los desafueros susodichos las gentes dellas, que eran infinitas. Porque la tierra es felicísima, y dicen los que agora vienen de allá que es una lástima grande y dolor ver tantos y tan grandes pueblos quemados y asolados como vían pasando por ellas, que donde había pueblo de mil y dos mil vecinos no hallaban cincuenta, y otros totalmente abrasados y despoblados. Y por muchas partes hallaban ciento y docientas leguas y trecientas, todas despobladas, quemadas y destruidas grandes poblaciones, y finalmente, porque desde los reinos del Perú por la parte de la provincia del Quito penetraron grandes y crueles tiranos hacia el dicho Nuevo Reino de Granada y Popayán y Cali; por la parte de Cartagena y Urabá, y de Cartagena otros malaventurados tiranos fueron a salir al Quito y después otros por la parte del río de San Juan, que es a la costa del sur, todos los cuales se vinieron a juntar, han extirpado y despoblado más de seiscientas leguas de tierras, echando aquellas tan inmensas ánimas a los infiernos, haciendo lo mesmo el día de hoy a las gentes míseras aunque inocentes que quedan.

Y porque sea verdadera la regla que al principio dije, que siempre fue creciendo la tiranía y violencias e injusticias de los españoles contra aquellas ovejas mansas en crueza, inhumanidad y maldad, lo que agora en las dichas provincias se hace entre otras cosas dignísimas de todo fuego y tormento, es lo siguiente:

Después de las muertes y estragos de las guerras ponen, como es dicho, las gentes en la horrible servidumbre arriba dicha, y encomiendan a los diablos a uno docientos y a otro trecientos indios. El diablo comendero dizque hace llamar cien indios ante sí; luego vienen como unos corderos; venidos, hace cortar las cabezas a treinta o cuarenta dellos y dice a los otros: lo mesmo os tengo de hacer si no me servís bien o si os vais sin mi licencia.

Considérese agora, por Dios, por los que esto leyeren qué obra es esta y si excede a toda crueldad e injusticia que pueda ser pensada; y si les cuadra bien a los tales cristianos llamallos diablos, y si sería más encomendar los indios a los diablos del infierno que es encomendarlos a los cristianos de las Indias.

Pues otra obra diré que no se cuál sea más cruel y más infernal y más llena de ferocidad de fieras bestias, o ella o la que agora se dijo. Ya está dicho que tienen los españoles de las Indias enseñados y amaestrados perros bravísimos y ferocísimos para matar y despedazar los indios; sepan todos los que son verdaderos cristianos y aun los que no lo son si se oyó en el mundo tal obra: que para mantener los dichos perros traen muchos indios en cadenas por los caminos que andan, como si fuesen manadas de puercos, y matan dellos y tienen carnicería pública de carne humana, y dícense unos a otros: «Préstame un cuarto de un bellaco desos para dar de comer a mis perros hasta que yo mate otro», como si prestasen cuartos de puerco o de carnero. Hay otros que se van a caza las mañanas con sus perros, y volviéndose a comer, preguntados cómo les ha ido, responden: «Bien me ha ido, porque obra de quince o veinte bellacos dejo muertos con mis perros». Todas estas cosas y otras diabólicas vienen agora probadas en procesos que han hecho unos tiranos contra otros. ¿Qué puede ser más fea ni fiera ni inhumana cosa?

Con esto quiero acabar hasta que vengan nuevas de más egregias en maldad (si más que éstas pueden ser) cosas, o hasta que volvamos allá a verlas de nuevo como cuarenta y dos años ha que las vemos por los ojos sin cesar, protestando en Dios y en mi conciencia que según creo y tengo por cierto que tantas son las perdiciones, daños, destruiciones, despoblaciones, estragos, muertes y muy grandes crueldades horribles y especies feísimas dellas, violencias, injusticias y robos y matanzas que en aquellas gentes y tierras se han hecho (y aún se hacen hoy en todas aquellas partes de las Indias) que en todas cuantas cosas he dicho y cuanto lo he encarecido, no he dicho ni encarecido en calidad ni en cantidad de diez mil partes (de lo que se ha hecho y se hace hoy) una.

Y para que más compasión cualquiera cristiano haya de aquellas inocentes naciones y de su perdición y condenación más se duela, y más culpe y abomine y deteste la cudicia y ambición y crueldad de los españoles, tengan todos por verdadera esta verdad con las que arriba he afirmado, que después que se descubrieron las Indias hasta hoy, nunca en ninguna parte dellas los indios hicieron mal a cristianos sin que primero hobiesen recebido males y robos y traiciones dellos. Antes siempre los estimaban por inmortales y venidos del cielo, y como a tales los recebían hasta que sus obras testificaban quién eran y qué pretendían.

Otra cosa es bien añidir: que hasta hoy desde sus principios no se ha tenido más cuidado por los españoles de procurar que les fuese predicada la fe de Jesucristo a aquellas gentes que si fueran perros o otras bestias: antes han prohibido de principal intento a los religiosos con muchas aflicciones y persecuciones que les han causado, que no les predicasen, porque les parecía que era impedimento para adquirir el oro y riquezas que les prometían sus cudicias. Y hoy en todas las Indias no hay más conocimiento de Dios, si es de palo o de cielo o de tierra, que hoy ha cien años entre aquellas gentes, si no es en la Nueva España, donde han andado religiosos, que es un rinconcillo muy chico de las Indias, y así han perecido y perecen todos sin fe y sin sacramentos.

Fue inducido yo, fray Bartolomé de las Casas o Casaus, fraile de Santo Domingo, que por la misericordia de Dios ando en esta corte de España procurando echar el infierno de las Indias, y que aquellas infinitas muchedumbres de ánimas redemidas por la sangre de Jesucristo no perezcan sin remedio para siempre, sino que conozcan a su Criador y se salven; y por compasión que he de mi patria, que es Castilla, no la destruya Dios por tan grandes pecados contra su fe y honra cometidos en los prójimos, importunado por algunas personas notables, celosas de la honra de Dios y compasivas de las aflicciones y calamidades ajenas que residen en esta corte, aunque yo me lo tenía en propósito, y no lo había puesto por obra por mis continuas ocupaciones.

Acabéla en Valencia, a ocho de diciembre de mil y quinientos y cuarenta y dos años, cuando tienen la fuerza y están en su colmo actualmente todas las violencias, opresiones, tiranías, matanzas, robos y destruiciones, estragos, despoblaciones, angustias y calamidades susodichas en todas las partes donde hay cristianos de las Indias, puesto que en unas partes son más fieras y abominables que en otras. México y su comarca está un poco menos malo, o donde al menos no se osa hacer públicamente, porque allí y no en otra parte hay alguna justicia, aunque muy poca, porque allí también los matan con infernales tributos. Tengo grande esperanza que porque el emperador y rey de España, nuestro señor don Carlos, quinto de este nombre, va entendiendo las maldades y traiciones que en aquellas gentes y tierras contra la voluntad de Dios y suya se hacen y han hecho (porque hasta agora se le ha encubierto siempre la verdad industriosamente), que ha de extirpar tantos males y ha de remediar aquel nuevo mundo que Dios le ha dado como amador y cultor que es de justicia, cuya gloriosa y felice vida e imperial estado Dios Todopoderoso, para remedio de toda su universal Iglesia y final salvación propia de su real ánima por largos tiempos Dios prospere. Amén.

Después de escrito lo susodicho fueron publicadas ciertas leyes y ordenanzas que Su Majestad por aquel tiempo hizo, en la ciudad de

Barcelona, año de mil y quinientos y cuarenta y dos, por el mes de noviembre, en la villa de Madrid el año siguiente; por las cuales se puso la orden que por entonces pareció convenir para que cesasen tantas maldades y pecados que contra Dios y los prójimos y en total acabamiento y perdición de aquel orbe convenía. Hizo las dichas leyes Su Majestad después de muchos ayuntamientos de personas de gran autoridad, letras y conciencia, y disputas y conferencias en la villa de Valladolid, y finalmente, con acuerdo y parecer de todos los más que dieron por escrito sus votos y más cercanos se hallaron de las reglas de la ley de Jesucristo, como verdaderos cristianos, y también libres de la corrupción y ensuciamiento de los tesoros robados de las Indias, los cuales ensuciaron las manos y más las ánimas de muchos que entonces las mandaban, de donde procedió la ceguedad suya, para que las destruyesen sin tener escrúpulo alguno dello. Publicadas estas leyes, hicieron los hacedores de los tiranos que entonces estaban en la corte muchos treslados dellas (como a todos les pesaba, porque parecía que se les cerraban las puertas de participar lo robado y tiranizado) y enviáronlos a diversas partes de las Indias. Los que allá tenían cargo de las robar, acabar y consumir con sus tiranías, como nunca tuvieron jamás orden, sino toda la desorden que pudiera poner Lucifer, cuando vieron los treslados, antes que fuesen los jueces nuevos que los habían de ejecutar, conociendo (a lo que se dice y se cree) de los que acá hasta entonces los habían en sus pecados y violencias sustentado, que lo debían hacer, alborotáronse de tal manera que cuando fueron los buenos jueces a las ejecutar acordaron de (como habían perdido a Dios el amor y temor) perder la vergüenza y obediencia a su rey. Y así acordaron de tomar por renombre traidores, siendo crudelísimos y desenfrenados tiranos. Señaladamente en los reinos del Perú, donde hoy, que estamos en el año de mil y quinientos y cuarenta y seis, se cometen tan horribles y espantables y nefarias obras cuales nunca se hicieron, ni en las

Indias ni en el mundo, no sólo en los indios, los cuales ya todos o cuasi todos los tienen muertos y aquellas tierras dellos despobladas, pero en sí mesmos, unos a otros con justo juicio de Dios, que pues no ha habido justicia del rey que los castigue, viniese del cielo, permitiendo que unos fuesen de otros verdugos. Con el favor de aquel levantamiento de aquéllos, en todas las otras partes de aquel mundo no han querido cumplir las leyes, y con color de suplicar dellas, están tan alzados como los otros, porque se les hace de mal dejar los estados y haciendas usurpadas que tienen y abrir mano de los indios que tienen en perpetuo cativerio, donde han cesado de matar con espadas de presto: mátanlos con servicios personales y otras vejaciones injustas e intolerables su poco a poco. Y hasta agora no es poderoso el Rey para lo estorbar, porque todos, chicos y grandes, andan a robar, unos más y otros menos. Unos pública y abierta, otros secreta y paliadamente. Y con color de que sirven al Rey deshonran a Dios y roban y destruyen al Rey.

Fue impresa la presente obra
en la muy noble y muy leal ciudad de Sevilla
en casa de Sebastián Trujillo, impresor de
libros, a Nuestra Señora de Gracia.
Año de MDLII.

¶Breuissima rela
cion de la destruycion de las Jn-
dias:colegida por el Obispo dõ
fray Bartolome de las Casas/o
Casaus de la orden de Sãcto Do
mingo.
Año. 1552.

Cubierta original de 1552